# MÉMOIRES

DE

# CAUSSIDIERE

Paris. — Imprimerie Lacrampe et Comp., rue Damiette, 2.

# MÉMOIRES

DE

# CAUSSIDIERE

EX-PRÉFET DE POLICE et REPRÉSENTANT DU PEUPLE

---

II

TROISIÈME ÉDITION.

PARIS
MICHEL LÉVY FRÈRES, LIBRAIRES-ÉDITEURS
Rue Vivienne, 1
—
1849

# DEUXIÈME PARTIE.

DU 16 AVRIL AU 25 AOUT.

# CHAPITRE PREMIER

État moral de la capitale. — M. Carlier et la police des clubs. — Ministère spécial de la police. — M. Ledru-Rollin et M. Lamartine. — La vieille école. — La police de provocation. — Émeute bonapartiste. — Le champ de blé. — Les prisonniers de Vincennes. — Vidocq employé par Carlier. — Trois *journées* pour une. — Bruits calomnieux. — Le parti royaliste. — Les candidats patriotes. — Menées réactionnaires. — Les buveurs de sang. — Nuits d'orgies. — *La Marie* et *La Martine*. — Le partage des biens. — L'épée de Damoclès. — La bourgeoisie et le citoyen Cabet. — Communistes et sans-culottes. — Les Croquemitaines à la mode. — Les modérés. — Les blancs et les rouges. — Plus blanc que toi. — Les salons aristocratiques. — MM. Cavaignac, Marrast et Sénard. — Il y a tout à craindre de ces gens-là. — Les provinces. — Trahison du gouvernement. — L'ajournement des élections. — Les royalistes de la veille et du lendemain. — A recommencer. — Les prêtres de l'Eglise. — Proposition de Louis Blanc. — Les journées de Juin. — La justice et la force. — M. Lamartine et le socialisme. — Les ouvriers et les hommes d'État. — Ledru-Rollin et Blanqui. — Entrevue de Blanqui et de Lamartine. — Une *poche à fiel*, à la place du cœur. — Ledru-Rollin refuse de voir Blanqui. — La propagande par la conciliation. — Les agents secrets. — Seconde période révolutionnaire.

Aux approches du 16 avril, une foule d'éléments contradictoires et dangereux s'agitaient au sein de la population. Les devoirs du Gouvernement devenaient de plus en plus difficiles, et la surveillance de la Préfecture de police, plus impérieuse.

La Préfecture alors ne relevait que du ministère de l'intérieur. Ce qui concernait l'état moral de la capitale devait être l'objet de rapports spéciaux faits au ministère, qui les transmettait au Conseil; ils comprenaient la politique, la disposition des esprits, le mouvement des clubs, l'arrivée et le départ des étrangers de distinction, enfin, le résumé exact des faits les plus saillants.

Comme ces rapports, trop matériellement rédigés, ne peignaient point assez la physionomie intellectuelle et politique de la ville, il fut convenu que je me rendrais tous les jours au ministère de l'intérieur et que je ferais une analyse verbale de l'état des choses.

Lorsque le ministre était absent, M. Carteret le remplaçait, et M. Monier, secrétaire général à la préfecture, était mon substitut.

Jusqu'alors je n'avais eu à signaler que de sourdes menées réactionnaires, et les efforts insaisissables, mais constants, des royalistes. J'eus bientôt à accuser les tendances violentes du club Blanqui.

Déjà le ministère de l'intérieur s'était créé une

# CHAPITRE I.

police des clubs, dont M. Carlier était le chef. Ses agents s'y introduisaient en prenant les allures d'ardents patriotes ; ils arrivaient quelquefois jusqu'à être secrétaires, et procuraient les procès-verbaux des séances. Je n'avais pas vu avec plaisir la division de la police, qui ne doit point être fractionnée, et qu'il faudrait plutôt constituer en ministère spécial pour l'intérieur et l'extérieur.

Toutes ces polices distinctes, s'amusant à espionner pour le compte des ministres qui les emploient, font de triste besogne. Je m'en expliquai un jour à M. Ledru-Rollin, en présence de M. Lamartine, qui me répondit :

— Ce n'est pas un mal, dans ce moment-ci, d'avoir plusieurs polices. »

M. Carlier est de la vieille école, c'est-à-dire de la police de provocation. Sa mission principale consiste à lancer des agents parmi les mécontents d'un parti, surtout chez les républicains, pour les pousser aux moyens extrêmes et préparer des *journées*. La tentative d'émeute bonapartiste, le jour où on attendait *le prince*, ressemblait fort à un de ses tours. Aux abords de l'Assemblée nationale, quelques-uns de ses agents ont été vus criant : Vive Napoléon !...

Deux ou trois jours avant le 23 juin, il fut averti qu'une quarantaine d'ouvriers des ateliers nationaux, réunis à Charenton, dans un champ de blé, avaient décidé que si on les renvoyait, ils prendraient les armes, sans s'inquiéter des *gueulards*. Ils désignaient ainsi ceux qui eussent voulu tenter la délivrance des prisonniers de Vincennes.

Dans une circonstance aussi grave, il se borna à envoyer le sieur Vidocq reconnaître la place, avec la personne qui lui dénonçait le complot. Vidocq constata, en effet par les épis foulés, que trente à quarante personnes avaient dû tenir là un conciliabule.

On voulait une journée. On en a eu trois.

Carlier était donc un nouvel ennemi de la Préfecture, à laquelle il se proposait d'enlever la police de surveillance, pour amoindrir mon autorité. Je prévis bien que cette police occulte finirait par reprendre les allures des temps passés.

D'un autre côté, on cherchait à répandre des bruits calomnieux contre moi, dans les corps de garde et parmi la population. J'acquis la certitude que cette hostilité partait de l'Hôtel de ville, où mes allures franchement républicaines étaient souvent un sujet de critique et d'antipathie.

# CHAPITRE I.

Je redoublai de soins et d'activité, afin de ne laisser aucune prise à la malveillance.

La République, en effet, était déjà vivement menacée. De toutes parts, mes agents me dénonçaient l'espoir avoué par le parti royaliste de tourner les élections à son profit. On colportait les contes les plus absurdes sur les candidats patriotes. De nombreuses lettres de province m'entretenaient aussi des menées réactionnaires. Les membres du Gouvernement provisoire n'étaient point épargnés. On les peignait comme des buveurs de sang et des provocateurs de pillage, bien que leur conduite ne prêtât point à de semblables accusations.

Calomniez, il en restera toujours quelque chose. Ainsi, dans les campagnes, on disait que Ledru-Rollin puisait à millions..., on n'indiquait pas dans quelle caisse; qu'il passait ses nuits en orgies avec des filles déhontées, telles que « *la Marie* » et « *la Martine,* » (ces deux noms au féminin.) On ajoutait alors qu'il fallait nommer des représentants de la vieille roche, qui empêcheraient le *partage des biens*.

Ce n'est pas de la tête des vrais démocrates qu'était sortie cette utopie du partage des biens, qu'on suspendit alors, comme une épée de Damoclès, sur la tête des propriétaires.

Le mot magique, qui devait terrifier la bourgeoisie, fut emprunté par les conservateurs eux-mêmes, à une affiche du citoyen Cabet, et faussement interprété contre le parti populaire.

Les *communistes* remplacèrent les sans-culottes et devinrent les croquemitaines à la mode. Aussi, ce fut merveille d'entendre les *modérés* parlant de fusiller et d'exterminer tout ce qui était suspect de communisme. Les républicains blancs poussaient à la haine contre les rouges, en les accusant de communisme. Ils ne prévoyaient pas alors que cette accusation serait retournée contre eux — par plus blancs qu'eux.

Ainsi, dans les salons aristocratiques de Paris, MM. Cavaignac, Marrast, Sénard et consorts, passent-ils pour des républicains rouges et forcenés; et M. B...d, représentant légitimiste, disait dans une soirée, « qu'il y avait tout à craindre de ces gens-là. » C'est bien mon opinion, mais dans quel sens l'entendait-il? à coup sûr ce n'était pas dans le mien.

A Troyes, à Amiens, à Rouen, à Bordeaux, et dans quelques villes du Midi, les réactionnaires,

## CHAPITRE I.

qui n'avaient osé bouger pendant le mois de mars, relevaient la tête. Ils aigrissaient follement, par des propos injurieux, les hommes qui, après Février, avaient oublié le passé et n'avaient eu qu'un désir : fonder en commun une grande famille nationale.

Aussi, quelques clubs, et notamment celui de Blanqui, accusaient de trahison le Gouvernement provisoire, et demandaient le renvoi des élections, afin d'avoir le temps d'éclairer le peuple sur ses véritables intérêts et sur le choix de mandataires qui lui fussent véritablement dévoués.

L'ajournement des élections a été une grande faute. Ceux qui poussèrent au délai d'un mois ne songèrent point qu'ils perdraient en avril l'effet produit par Février, chaque révolution entraînant sa tentative de réaction.

Il est évident que si les élections avaient eu lieu le 25 mars, elles eussent amené à l'Assemblée plus de candidats démocrates. Ce retard d'un mois fut insuffisant pour instruire le peuple, qui négligea de voter dans la capitale, tandis que ses ennemis vigilants rassemblèrent toutes leurs voix, et qui se laissa circonvenir en province par les harangues hypocrites des *royalistes de la veille et du lendemain*...

La crédulité et la légéreté du peuple, non moins que son insouciance pour la conduite morale de ses affaires, sont, le plus souvent, les causes de sa perte.

Puis, il prend en haine et mépris ses gouvernants; il songe à la révolte; le pays en souffre; rien ne se conclut; tout est *à recommencer*.

Les hommes du privilége disent : de quoi le peuple se plaint-il? N'a-t-il pas le suffrage universel? N'est-il point libre de choisir ses mandataires? Et si nous sommes à l'Assemblée nationale, c'est parce que nous représentons véritablement ses intérêts.

Ce raisonnement spécieux peut être détruit facilement, mais il n'en est pas moins dangereux; car on s'en sert pour abuser la partie flottante et inintelligente de la nation.

Ainsi, les administrations et l'armée peuvent être facilement circonvenues par leurs chefs; les fabricants, les directeurs d'ateliers, peuvent influencer le vote naturel de leurs subordonnés, par des menaces de renvoi. Les *prêtres de l'Église* peuvent égarer ceux qu'ils sont chargés de conduire dans la bonne voie.

La supercherie des uns, la peur et l'aveuglement des autres, viennent fausser de la sorte la sincérité des élections.

Au lieu de temporiser, la partie démocratique du Gouvernement provisoire aurait sagement fait d'adopter la proposition de Louis Blanc : la révolution de Février, disait-il, nous impose le devoir de rédiger sans délai une constitution véritablement républicaine, qui sera présentée à la sanction d'une assemblée nationale.

Il est évident qu'une pareille constitution, en rapport avec les besoins du pays, et acclamée d'abord par le peuple, eût été ensuite votée d'enthousiasme par les élus du suffrage universel. Nul, alors, n'aurait osé attaquer l'inviolabilité des représentants, et les fatales journées de Juin n'entacheraient pas l'histoire de la France.

L'hésitation du pouvoir à réaliser des réformes indispensables, les intrigues des réactionnaires, la violence de certains patriotes imprudents, devaient bientôt détruire l'harmonie qu'on avait cherché à établir entre toutes les classes.

Les bons citoyens, justement effrayés de la tendance des choses, prévoyant d'inévitables conflits, venaient dénoncer les espérances coupables des ennemis de la République.

En même temps, Blanqui, dans son club, continuait sa guerre haineuse contre le Gouvernement, dont il signalait, chaque soir, les allures boiteuses. Il traitait également de suspects et d'ennemis tous les démocrates qui n'approuvaient pas exclusivement ses idées et qui ne partageaient pas ses passions. Aussi, la contre-révolution ne manquait pas d'exploiter les emportements insensés de ce club, pour inquiéter la France.

Cette excitation des esprits préoccupait fortement les hommes de l'Hôtel de ville.

Moi aussi, je voyais avec douleur se multiplier des complications périlleuses. Il me répugnait de penser que peut-être bientôt la raison et la justice devraient recourir à la force.

J'invitai quelques amis dévoués, qui avaient pied dans la bourgeoisie, à lui faire comprendre combien elle avait intérêt au maintien de la paix; qu'elle ne devait point obséder le pouvoir, ni le compromettre dans une politique rétrograde.

J'en causai avec M. Lamartine, qui vint me voir. Il me manifesta, à son tour, des craintes sur les intentions du Peuple. Je lui répondis qu'il le trouverait toujours magnanime, tant qu'on ne trahirait point les promesses de Février ; et que j'espérais bien, à l'aide de mes amis, empêcher le Peuple de se donner les premiers torts.

Je dois dire que je l'engageai avec instances à se rallier sincèrement à la minorité démocratique du Gouvernement provisoire, afin d'établir un équilibre si nécessaire au succès de la révolution.

Il me répondit qu'il y réfléchirait.

Nous nous trouvions fréquemment d'accord, M. Lamartine et moi, sur les questions d'ordre et d'intérêt général, quoique nos principes ne fussent pas les mêmes ; car il semblait redouter l'affranchissement des travailleurs, tandis que je voulais, dans toute l'extension praticable, l'abolition du prolétariat.

Il est peu d'hommes pratiques qui aient fait une étude sérieuse des questions sociales agitées aujourd'hui dans la classe ouvrière. Les problèmes les plus neufs sont souvent discutés à fond par des ouvriers, avec une force logique qui, sans aucun doute, ferait défaut à la plupart de nos hommes d'État.

Je ne crains pas de dire que c'est un jugement

trop superficiel qui condamne ou ajourne imprudemment tant de mesures impérieuses.

Je prévins aussi le ministre de l'intérieur des murmures du Peuple contre les hommes de réaction, et de l'excentricité du club Blanqui, en lui témoignant que je voyais là un grand danger pour l'ordre.

J'avais reçu, le matin, la visite d'un ami de Blanqui, le nommé Flotte, dont le plus grand défaut est d'avoir le caractère aigri par les souffrances de plusieurs années de détention. Il me dit que Blanqui était d'accord avec M. Lamartine; qu'il l'avait vu plusieurs fois, et que si Ledru-Rollin voulait, Blanqui irait le visiter!...

— Pourquoi voulez-vous que j'aie une entrevue avec Blanqui? me dit Ledru-Rollin.

— Parce que ses intentions sont peut-être moins mauvaises qu'on ne les suppose : quitte à le traiter en ennemi, s'il n'explique pas sa conduite.

— C'est un homme qui a une *poche à fiel* à la place du cœur, me répondit Ledru-Rollin, et si je le recevais, il irait partout se vanter de m'avoir imposé ses volontés. N'en parlons plus. »

Je n'insistai point, d'autant plus que je partageais l'opinion de M. Ledru, devant laquelle j'eusse fait d'ailleurs fléchir la mienne; en outre, j'étais déjà au courant de certaines intentions qui ne pouvaient me disposer à pactiser avec *la poche à fiel*.

Je proposai aussi au ministre, ce jour-là, de porter la garde républicaine, alors en création, au chiffre de six mille hommes, dont cinq mille à pied et mille à cheval, tous bien et dûment républicanisés, capables de faire de la propagande par la conciliation, et de repousser toute tentative de désordre quelconque. Il me répondit que le Gouvernement acceptait déjà avec peine ce nouveau corps dont on lui désignait l'esprit comme trop révolutionnaire; qu'il fallait s'arrêter là, pour le moment.

Je me contentai donc d'augmenter mon personnel d'agents secrets, et je me tins en garde.

Malgré les protestations mielleuses qu'on me faisait fréquemment, je me défiais, non d'une attaque de vive force, je l'eusse souhaitée, mais des machinations qui nous précipitèrent bientôt dans la seconde période révolutionnaire.

# CHAPITRE II

Les premiers mois de la révolution.—Dates significatives. — 24 février, 17 mars, 16 avril, 15 mai, 23 juin. — Les ouvriers au Champ de Mars. — 14 officiers d'état-major.— Étendards socialistes. — Offrande à la patrie. — Rumeurs absurdes.—Les communistes.—Les cuisiniers.—Blanqui et le comité de salut public.—Louis Blanc et Albert. — Un os à ronger. — Ledru-Rollin fait battre le rappel.—Agitation et vertige.—La place de l'Hôtel de ville. — Courtais et Duvivier. — Défilé des ouvriers. — A bas les communistes!—Invention du citoyen Marrast. — Vive Louis Blanc! vive Ledru-Rollin! — M. Garnier-Pagès et la popularité. — Dupont de l'Eure. — Abolition du prolétariat. — Le poëte Lamartine. — Caractère de la démonstration du 16 avril. — A bas la révolution de Février! — Hypocrisie du Gouvernement provisoire. — Adresse des ouvriers du Luxembourg. — Rappel à la concorde. — Les vrais républicains. — La révolution est compromise.

Les premiers mois de la révolution sont marqués chacun d'une date très-significative :

24 février, 17 mars, 16 avril.

Nous verrons bientôt le 15 mai et le 23 juin !

Le 24 février avait été la victoire du Peuple par les armes.

Le 17 mars, sa victoire pacifique par le calme et la raison.

Le 16 avril fut la première journée publique où la bourgeoisie réactionnaire reprit le dessus.

Le dimanche, 16 avril, à six heures du matin, les diverses corporations des ouvriers, auxquelles Février et le Luxembourg avaient donné une existence légale, étaient réunies au champ de Mars pour nommer quatorze officiers d'état-major; car, dans la nouvelle organisation de la garde nationale, le pouvoir avait voulu reconnaitre la prépondérance des éléments populaires. Ainsi, outre les capitaines d'état-major, attachés aux diverses légions, on avait attribué aux ouvriers, aux étudiants, aux gens de lettres, aux artistes, un certain nombre de choix des officiers destinés au service de la place de Paris.

Les ouvriers arrivèrent donc de tous côtés, le matin, avec leurs étendards, sur lesquels on lisait, comme en février : Abolition de l'exploitation de l'homme par l'homme! Organisation du travail pacifique! Égalité!

Les drapeaux furent plantés dans le sol, et les ouvriers se mirent à délibérer. Quelques-uns prirent l'initiative d'une collecte volontaire, en offrande

## CHAPITRE II.

à la patrie, et il fut décidé qu'on partirait du champ de Mars pour porter cette offrande au Gouvernement de l'Hôtel de ville, en même temps que le résultat de l'élection et les vœux du Peuple pour la fraternité nationale et la prospérité de la République.

Pendant que les ouvriers étaient paisiblement à discuter leurs choix, les rumeurs les plus absurdes se répandirent tout à coup dans la ville, et mirent toute la population en émoi. On disait que les communistes (la bourgeoisie désignait ainsi les ouvriers réunis au champ de Mars) s'étaient emparés de l'hôtel des Invalides et y avaient mis le feu; qu'ils pillaient le faubourg Saint-Germain; qu'on se battait au faubourg Saint-Antoine; que l'Hôtel de ville était attaqué, etc.

Dans les faubourgs Montmartre et Saint-Denis, on propageait les versions les plus contradictoires et les plus malveillantes. Les agents que j'envoyai sur les lieux me rapportèrent que les ouvriers paraissaient très-calmes, et que rien dans leurs propos ne dénotait des intentions hostiles.

Plus tard, on vint m'avertir qu'ils abandonnaient le champ de Mars et se dirigeaient, en une seule colonne, bannières en tête, vers l'Hôtel de ville. Leur nombre était évalué à quarante mille. Ils s'étaient fait précéder par une vingtaine de délégués, qui durent rassurer le Gouvernement, de la manière la plus complète.

Ce jour-là, j'avais été prévenu que les cuisiniers aussi devaient se réunir dans la cour du Louvre, et que quelques-uns avaient le projet de se porter chez certains restaurateurs du Palais-Royal. Je fis surveiller principalement ce quartier, où l'on n'eut aucune voie de fait à constater.

J'acquis la certitude que Blanqui n'était point au champ de Mars, comme on l'affirmait; et quand bien même ses meneurs eussent été parmi la foule, ils n'eussent point réussi à l'entraîner à des actes répréhensibles. Un comité de salut public n'y fut point mis en question, ainsi qu'on l'a prétendu.

Louis Blanc et Albert exerçaient alors sur le Peuple une grande influence. J'avais été à même de juger de leurs tendances toutes pacifiques; je n'avais donc aucune crainte de ce côté.

A cette époque, les corporations ouvrières étaient complétement absorbées par l'étude de l'organisation du travail, et ne songeaient nullement à entrer en lutte avec le Pouvoir. Les ouvriers attendaient l'amélioration matérielle de leur sort, qu'on leur avait solennellement promise quand on avait peur d'eux.

C'est tellement vrai, que beaucoup de patriotes accusaient Louis Blanc de paralyser l'instinct révolutionnaire du Peuple, en l'entretenant d'intérêts matériels seulement. Ils accusaient aussi les collègues de Louis Blanc d'avoir inventé le Luxembourg pour détourner l'attention des ouvriers, et les empêcher de contrôler leurs actes : « On a donné au Peuple un os à ronger, ajoutaient-ils, jusqu'à ce qu'on soit en mesure de le lui retirer. »

Quoi qu'il en fût, tous ces bruits effrayants et perfides avaient produit leur effet. Le ministre de l'intérieur, qui, mieux que tout autre, devait connaître et juger le Peuple, se laissa aller à la panique générale, et donna ordre de battre le rappel dans tous les quartiers. Au bout d'une heure, la capitale entière était en mouvement : les bataillons se hâtaient d'arriver de tous côtés sur la place de l'Hôtel de ville, pour former un rempart contre les prétendus ennemis de la République. Les faubourgs et la banlieue accoururent également au secours de la République en danger.

Un esprit de vertige semblait planer sur Paris.

Cependant la colonne, qui s'avançait en bon ordre le long du quai, se trouva bientôt en présence de la garde nationale et de la garde mobile, qui, considérant les ouvriers comme ennemis, leur barra le passage. Les abords de la place et du palais étaient inaccessibles, et les travailleurs inoffensifs ne purent pénétrer jusqu'au Gouvernement provisoire. Blessés de cet accueil, ils murmuraient déjà, lorsque le bruit circula parmi eux que Louis Blanc venait d'être assassiné. Ce fut seulement alors qu'éclatèrent des menaces et des imprécations.

Les généraux Courtais et Duvivier firent ouvrir un passage qui permit enfin à la colonne, venue du champ de Mars, de défiler devant les membres du Gouvernement.

Ce défilé s'effectua toutefois à grand' peine. On avait laissé devant l'Hôtel de ville une ligne de gardes nationaux, fort épaisse. La haie se resserrait à chaque instant, au point d'arrêter et d'empêcher la manifestation populaire, qui dura plusieurs heures.

Il est à remarquer que pendant tout ce temps-là, une cinquantaine d'individus, apostés vers les marches de l'Hôtel de ville, ne cessèrent de crier : Vive la République! à bas les communistes! cri plus ou moins répété par les gardes nationaux, et qui semblait une incrimination provoquante, adressée aux ouvriers. Cette manœuvre, dont on attribue les honneurs de l'invention au *citoyen* Marrast, produisit son effet : elle scinda le Peuple en deux camps, et ranima les haines apaisées, en apparence, avant cette malencontreuse journée. Et tandis qu'on criait ainsi : A bas les communistes! le cortége, en passant, répondait : Vive la République démocratique! vive Louis Blanc! vive Ledru-Rollin!

M. Garnier-Pagès, qui a toujours eu une passion malheureuse pour la popularité, se glissa alors entre ses deux collègues acclamés par le Peuple, et s'empara du bras de Ledru-Rollin. Celui-ci fit un geste pour le repousser :

— « Comment, mon bon, vous me refusez le bras? lui dit Garnier-Pagès.

— Si vous me tendiez plus souvent la main au conseil, répliqua Ledru-Rollin, vous auriez mieux le droit de me prendre le bras en public, »

Le Gouvernement tout entier était alors sur les marches de l'Hôtel de ville. Quelques-uns des membres descendirent au milieu de la garde nationale et du Peuple, Dupont (de l'Eure) en tête, appuyé sur le bras de Louis Blanc ; puis ils remontèrent à la fenêtre de la salle du Conseil.

Et les députations se succédaient à l'Hôtel de ville. C'étaient de nouvelles députations d'ouvriers, venant attester que le Peuple voulait la République démocratique et sociale, l'abolition du prolétariat, l'organisation du travail et de l'association ; c'étaient des émissaires de la banlieue qui offraient leur concours au Gouvernement provisoire. Et le citoyen Lamartine, qui tint longtemps la parole au milieu de cette crise, répondait que « aucune division possible n'existait entre les membres du Pouvoir ; » ajoutant, un peu plus bas, que « l'indivisibilité du Gouvernement provisoire devait être la conquête civique de cette magnifique et *unanime* manifestation. »

Là, en effet, était le caractère de la démonstration du 16 avril. Le sentiment du Peuple, sinon son projet, était opposé à la majorité contre-révolutionnaire du Gouvernement, qui appela à son aide la garde nationale, grâce à la connivence inexplicable du ministre de l'intérieur.

M. Ledru-Rollin ayant fait battre le rappel, tous les ennemis de la révolution trouvèrent l'occasion excellente pour venir protéger leurs complices de l'Hôtel de ville ; et c'est ainsi que la bourgeoisie de la garde nationale cria toute la soirée : « A bas les socialistes ! » c'est-à-dire : « A bas la révolution de Février ! » tandis que le Peuple criait : « A bas le prolétariat ! »

Aussi le 16 avril fut-il surnommé la *journée des dupes*.

La réaction seule y trouva son compte.

Ce qui n'empêcha pas le Gouvernement provisoire de comparer, le lendemain, dans ses proclamations, la journée bourgeoise du 16 avril à la journée populaire du 17 mars.

On lisait dans la proclamation du 17 :

« Le 16 avril n'a fait qu'ajouter une consécration à ce qu'avait si puissamment inauguré le 17 mars. De même que le 17 mars, le 16 avril a montré combien sont inébranlables les fondements de la République. Citoyens, *l'unité du Gouvernement provisoire* représente l'unité de la patrie. C'est ce que vous avez compris ; grâces vous en soient rendues ! »

Effectivement, il y avait dans la nation la même harmonie qu'à l'Hôtel de ville : une scission profonde, hélas ! entre les deux classes de citoyens ; — l'anarchie !

Il est manifeste, d'après ces aveux et ceux de M. Lamartine, dans ses éloquents discours aux députations, que le 16 avril fut provoqué et exploité par la majorité réactionnaire du Gouvernement, et servit à sa consolidation.

Et cependant, le lendemain, les ouvriers du Luxembourg protestèrent par une adresse publique. La presse et l'opinion interprétèrent de mille façons cette journée énigmatique, et le Gouvernement lui-même, le 18 avril, fut obligé de rappeler à la *concorde* les citoyens des diverses classes, recommençant, depuis deux jours, de déplorables hostilités.

Les vrais républicains, les partisans de la République démocratique et sociale, ne se trompèrent point, cependant, sur la signification du 16 avril et sur la fatalité de ses conséquences.

Ils comprirent, à ce moment, qu'on trahissait la révolution, et que la destinée de la République était compromise.

# CHAPITRE III

Paris en deux camps. — Le 17 avril. — Les corps de garde. — Le 18 avril. — On bat le rappel. — Le ministère de l'intérieur. — L'état-major. — L'épidémie de la peur siége à l'Hôtel de ville. — Contes sur les communistes. — Saturnale de fusils. — Patrouille préfectorale. — 40,000 hommes. — Blanqui introuvable. — M. Cabet. — Les généraux Courtais et Duvivier. — Proclamation sur le rappel. — Les gardes nationaux poursuivent les ouvriers. — Arrestation de Flotte. — La blouse et l'habit. — Suis-je communiste? — La peine de mort. — Respect à la propriété. — Discordes sociales. — Décrets populaires. — Abolition des droits sur la viande et sur les boissons. — Impôt somptuaire. — Inamovibilité de la magistrature. — M. Barthe destitué. — 65 généraux à la retraite. — Hypocrisie et intrigues. — Serment et trahison de Louis XVI. — Conspiration contre la République.

La journée du 16 avril, outre qu'elle scinda la population en deux camps, amena beaucoup d'actes agressifs contre les communistes, ou autres citoyens portant la blouse de l'ouvrier. Le lendemain se passa en propos violents, tenus dans les corps de garde et sur les boulevards, en provocations de toute sorte. Néanmoins, l'ordre matériel ne fut pas troublé, et l'on pouvait présumer que cette émotion étant dissipée, les choses allaient suivre leur allure habituelle, lorsque le 18, dès six heures du matin, le rappel fut battu dans les rues.

Paris ressembla en un clin d'œil à une ville assiégée.

J'envoyai au ministère de l'intérieur pour savoir quel grand danger menaçait la capitale : il fut répondu qu'on ignorait le motif de cette levée de boucliers ; qu'il était question de communistes devant attaquer le Gouvernement.

J'envoyai à l'état-major ; tout le monde semblait avoir le cerveau fêlé, ce jour-là ; l'épidémie de la peur avait encore augmenté d'intensité depuis le dimanche !...

L'Hôtel de ville se préparait à un siége. Mes exprès, lancés à chaque instant dans toutes les directions, me rapportaient que les gardes nationaux se précipitaient vers les places d'armes des différentes légions, en affirmant que les communistes allaient mettre tout à feu et à sang ; que le Gouvernement provisoire était cerné dans l'Hôtel de ville, etc.. etc.

La garde républicaine et les Montagnards

## CHAPITRE III.

avaient été consignés. J'étais outré d'être responsable de cette saturnale de fusils, sans motifs ; et il me vint un instant la pensée de me mettre à la tête d'une forte patrouille préfectorale, pour rappeler les habitants à l'ordre, dans une proclamation énergique. Cela se pouvait d'autant mieux qu'à chaque instant les patriotes des différents quartiers venaient m'annoncer que leurs compagnies se tenaient à ma disposition.

Ce jour-là, j'aurais pu agir avec quarante mille hommes bien armés.

Mais le Gouvernement me laissa, une partie de la journée, sans me faire connaître ses intentions.

On me prévint que des gardes nationaux étaient à la recherche de Blanqui, et qu'ils se proposaient aussi de se rendre au domicile de **M. Cabet**, soit pour l'arrêter, soit pour y porter la dévastation.

Blanqui fut introuvable, comme toujours.

Je dépêchai un renfort d'agents à **M. Melchetal**, commissaire de police du quartier habité par **M. Cabet**, avec l'injonction expresse de protéger ce citoyen et son domicile par tous les moyens que lui accordait la loi. Heureusement, on n'eut à déplorer aucune tentative de ce genre.

Les généraux Courtais et Duvivier passèrent

en revue la 1re légion ; le général Courtais, qui avait fait battre le rappel, les remercia, en leur disant que leur zèle avait outrepassé ses intentions ; qu'il n'aurait voulu qu'un petit nombre de citoyens armés.

Quelques mairies d'arrondissement avaient également fait battre le rappel sans ordres, et le Gouvernement crut devoir les blâmer dans la proclamation suivante :

### RÉPUBLIQUE FRANÇAISE.

*Liberté, égalité, fraternité.*

« Considérant que le rappel battu intempestivement est de nature à jeter le trouble dans la cité, à effrayer les esprits, à nuire au commerce, au travail, à l'industrie, en fatiguant inutilement la garde nationale ;

« Le Gouvernement provisoire fait savoir que le rappel ne peut être battu dans Paris que par ordre exprès du ministre de l'intérieur ou du maire de Paris, et, dans les circonstances exceptionnelles, de chaque maire d'arrondissement.

« Toute contravention à cet égard sera sévèrement punie. »

Dans la soirée, il y eut de l'agitation sur les boulevards. Les hommes en blouse étaient poursuivis et arrêtés par les gardes nationaux, sous prétexte de communisme. Quelques-uns furent conduits à la Préfecture, sans autres mandats que la volonté de leurs adversaires.

J'interrogeai plusieurs de ces hommes, en présence de ceux qui les amenaient, et j'affirme qu'aucun motif sérieux ne justifiait ces arrestations. Flotte fut de ce nombre, quoiqu'il ait cherché à le nier plus tard; il m'expliqua qu'il s'était approché d'un groupe lisant une affiche, que des gardes nationaux leur avaient brutalement intimé l'ordre de se retirer, et que, comme il avait persisté, en s'appuyant sur son droit, on l'avait arrêté. Je le fis relâcher sans scrupule.

Les rapports de nombreuses patrouilles finirent par me rassurer sur les conséquences de ces diverses agressions; mais l'effet moral n'en était pas moins produit. La fusion qu'on s'efforçait d'opérer était gravement compromise. Les citoyens en blouse retrouvaient des ennemis dans les porteurs d'habits bourgeois. Le pacte fraternel, s'il ne fut point déchiré, allait être méconnu de plus en plus.

Je ne suis point communiste, c'est-à-dire que je n'adopte point leurs théories immédiates, mais je ne puis m'empêcher de dire qu'on eut tort, cette fois, à leur égard; les récriminations dont ils furent injustement l'objet ne firent qu'accroître leur nombre.

On engloba sous le nom de communistes tous les républicains dévoués. Au dire des réactionnaires, c'étaient des buveurs de sang, dont il fallait purger la société; on leur prêtait de coupables intentions. Eh bien! les démocrates les plus ardents ont accepté avec enthousiasme l'abolition de la peine de mort, et le respect à la propriété a été la plus belle réponse qu'on ait pu faire à de sottes calomnies.

Mais ces discordes sociales des 16, 17 et 18 avril, tout en assurant le concours de la garde nationale au Gouvernement provisoire, lui indiquèrent néanmoins le mécontentement sourd qui fermentait parmi les masses. Le 16 avril avait été une surprise, et plusieurs des légions qui étaient venues défiler devant l'Hôtel de ville n'eussent point voulu tourner leurs armes contre les ouvriers dont elles partageaient la défiance et l'inquiétude.

La Gouvernement sentit donc la nécessité de reconquérir sa popularité près des travailleurs, par des mesures favorables au Peuple, et l'on vit, placardés sur les murs, dans toute la ville, les deux décrets suivants, que l'Assemblée nationale s'est empressée de révoquer :

« AU NOM DU PEUPLE FRANÇAIS.

« Le Gouvernement provisoire,
« Considérant que la subsistance du Peuple doit être une des premières préoccupations de la République ;
« Qu'il importe surtout de diminuer les prix des objets d'alimentation qui peuvent ajouter aux forces physiques des travailleurs ;
« Décrète :
« Art. 1ᵉʳ. A Paris, les droits d'octroi sur la viande de boucherie sont supprimés.
« Art. 2. Ces droits seront remplacés :
« 1° Par une taxe spéciale et progressive sur les propriétaires et sur les locataires occupant un loyer de 800 fr. et au-dessus ;
« 2° Par un impôt somptuaire établi sur les voitures de luxe, les *chiens*, et sur les *domestiques*

mâles, quand il y aura plus d'un domestique mâle attaché à une famille.

« Art. 3. Le ministre des finances est autorisé à appliquer les mêmes mesures, dans le plus bref délai, aux villes des départements.

« Art. 4. Le ministre des finances et le maire de Paris sont chargés de l'exécution du présent décret.

« Fait en conseil de Gouvernement, à Paris, le 18 avril 1848. »

« Le Gouvernement provisoire,

« Considérant que l'octroi établi sur les boissons pèse d'une manière inique sur les diverses qualités de vins ;

« Que cet impôt frappe la boisson ordinaire des travailleurs de 100 p. 100 de la valeur primitive, tandis que les vins de luxe ne payent que 5 ou 10 p. 100 de leur prix vénal ;

« Que cette inégalité choquante provoque des fraudes nuisibles à la santé des travailleurs ;

« Décrète :

« Le ministre des finances et le maire de Paris présenteront, dans le plus bref délai, un règlement qui modifiera le droit d'octroi sur les vins ; ce règlement sera basé sur le principe d'égalité proportionnelle, proclamé plus haut, et il aura pour objet de mettre à la portée des travailleurs une boisson saine et fortifiante, et de punir des peines les plus sévères toutes fraudes qui en dénatureraient la qualité.

« Fait à Paris, en conseil de Gouvernement, le 18 avril 1848. »

En même temps, l'inamovibilité de la magistrature fut déclarée incompatible avec le gouvernement républicain, et plusieurs hauts magistrats du parquet, de la cour des comptes, etc., furent destitués de leurs fonctions, M. Barthe, entre autres.

Soixante-cinq généraux furent mis à la retraite, avec une foule de colonels et d'officiers d'état-major; mais on n'attaqua point, toutefois, les Dupin, les Bugeaud et autres serviteurs émérites de la royauté.

Tout cela dura quelques jours à peine, et avait été enlevé par la menace de la démission de certains membres du Gouvernement, qui commençaient à se sentir compromis par la majorité de leurs collègues.

Ainsi, chose singulière, c'est à l'occasion de la journée la plus funeste à la République, que furent réalisées les mesures les plus populaires; mais c'était une nouvelle hypocrisie qui ne coûtait guère aux meneurs de l'Hôtel de ville, car ils travaillaient, en même temps, à arrêter la révolution.

On dit que Louis XVI, le jour même où il jurait fidélité à la constitution française, conspirait avec les émigrés. On apprendra plus tard que des membres du Gouvernement provisoire conspiraient avec les royalistes, le jour où leur main signait, par prudence, des décrets révolutionnaires dont ils ont voté, depuis, la radiation.

# CHAPITRE IV

Pressentiments de nouveaux troubles. — Armement de Paris. — Petit arsenal de la Préfecture. — Les sapeurs pompiers et les forts des halles. — Rondes nocturnes. — Le général Courtais. — Le Luxembourg et la caserne Tournon. — Projet d'enlever le Gouvernement. — L'Hôtel de ville. — La ribotte des fusils. — Opinion des Anglais sur la garde nationale. — Guerre civile. — A bas le fusil. — Le premier commis de la France. — Vérités banales. — La loi et l'histoire. — Les prétendants. — L'éducation publique. — Le conseil des ministres. — Les ambitions privées. — Le suffrage universel. — La popularité et les décorations. — Organisation de la garde nationale. — Réduction de l'armée. — Retour de la confiance. — Association. — Les boutiquiers. — Achats et ventes. — Les haillons et le boulanger. — Le Mont-de-piété. — Les enfants ont faim. — Du pain pour deux jours. — Palais et mansardes. — Les rêves du bourgeois. — A grand peuple, gouvernement patriotique.

Après ces secousses récentes, tout semblait remis en question. La confiance du Peuple, la concorde de toutes les classes de citoyens avaient jusque là protégé la sécurité publique. Depuis les émotions d'avril, on songea davantage à se prémunir contre les éventualités de troubles que chacun pressentait.

Quoique le Gouvernement eût fait distribuer déjà une immense quantité de fusils, il était difficile de satisfaire tous les citoyens qui réclamaient des armes. Moi-même, je dus m'organiser un petit arsenal pour me défendre, au besoin, contre des attaques imprévues. J'obtins quelques milliers de cartouches, et des fusils, destinés, en cas d'urgence, aux sapeurs pompiers, dont le commandant m'avait promis le concours immédiat. La caserne des pompiers est attenante à la Préfecture.

Je n'aurais eu également qu'un ordre à envoyer aux halles pour avoir, tout de suite, quelques centaines d'hommes déterminés.

On dressa un plan militaire de la Préfecture; elle est facile à envahir par surprise; mais, avec des précautions militaires suffisantes et une bonne garnison, elle deviendrait un poste redoutable. La nuit, on faisait des patrouilles intérieures et extérieures. Le général Courtais et le ministre Ledru-Rollin, dans leurs rondes nocturnes, ne trouvèrent jamais notre vigilance en défaut; car il était indispensable, en temps révolutionnaire, d'avoir une certaine force, toujours disponible et capable d'en imposer.

Le Luxembourg avait aussi conçu des craintes. J'y envoyai un poste de volontaires dévoués, et je renforçai la caserne Tournon, voisine de ce palais, afin qu'elle pût y porter de prompts secours, si quelque attaque l'exigeait.

C'était là que le Gouvernement provisoire tenait conseil le plus souvent, et cent hommes résolus l'eussent enlevé sans résistance : il fallait donc confier aux révolutionnaires eux-mêmes la garde des dictateurs de février.

Sans désigner ici personne, j'avais acquis la certitude que la question d'un enlèvement avait été agitée en certains lieux, que je fis surveiller spécialement.

L'Hôtel de ville était aussi armé en guerre. Les royalistes appelaient cela une *ribotte de fusils*.

Nos voisins d'outre-mer ne peuvent comprendre l'institution de la garde nationale. Ils prétendent qu'un gouvernement sage devrait la détruire entièrement, et s'en reposer pour la sûreté de la capitale sur une armée en permanence dans ses murs. Outre le grand nombre de troupes qu'un pareil système nécessiterait, le Peuple, lorsqu'il se croirait en droit de s'insurger, saurait bien trouver des armes, et il se ferait un moyen d'attaque de toute chose. Une guerre civile horrible s'engagerait et ne se terminerait que faute de combattants. Mettez les actes du Gouvernement en rapport avec la volonté générale, et vous pourrez alors déposer le fusil, sans crainte de désordre.

Un gouvernement réactionnaire craindra toujours les exigences du Peuple; mais ceux qui connaissent le bon sens pratique des ouvriers, savent qu'ils se contentent de la stricte exécution des promesses qu'on leur a faites, et qu'ils seraient disposés à appuyer avec enthousiasme un pouvoir assez modéré pour se considérer seulement comme le gérant des intérêts de tous.

Pour en arriver là, le président ne doit être que le premier commis de la raison sociale du pays. S'il devient accapareur ou incapable, la nation lui retire son mandat, et tout est dit.

Charger un homme du gouvernement de tous les autres, c'est vouloir les frustrer de leur liberté.

Ces vérités sont banales; elles ne sauraient trop le devenir. Que les citoyens s'habituent donc à mettre la loi au-dessus de tout, et l'histoire n'aura plus à enregistrer des massacres sans fin, pour tel ou tel prétendant.

L'éducation obligatoire et gratuite formerait une génération d'hommes de bon sens. Chaque jeune citoyen apprendrait, en résumé, les lois qui maintiendraient le droit commun.

Les départements enverraient leurs cahiers d'observations à l'Assemblée, qui en ferait l'analyse, et les soumettrait par son vote au Conseil des ministres. Ce Conseil choisirait, dans son sein, un président, sans aucune suprématie sur ses collègues, et organiserait la mise en œuvre des décrets, qu'il proposerait ensuite à la sanction de l'Assemblée.

Je ne fais que reproduire ici la pensée d'hommes de bonne foi, qui voudraient en finir avec les tiraillements suscités par les ambitions privées!....

En viendra-t-on là sans avoir encore recours à la violence? Espérons-le!...

Le Peuple doit considérer le suffrage universel comme son arme véritable; il doit bien étudier les candidats qui se présentent pour obtenir sa confiance. Il n'en est encore qu'à bégayer la science socialiste. Il ne saurait trop se défier des flagorneries qu'on lui prodigue. Ce rappel à sa propre dignité lui éviterait des mécomptes pour l'avenir.

La popularité est la plus belle des récompenses ; gardez-vous de l'accorder au hasard, comme on a fait pour les décorations.

Deux cent cinquante mille citoyens étaient alors armés et inscrits sur les cadres de la garde nationale. Il eût été à désirer que tous fussent pourvus d'un uniforme, et que pour équiper les citoyens les moins aisés, les plus riches de chaque compagnie eussent contribué à une large souscription. La bonne harmonie, si nécessaire à l'ordre social, y aurait gagné, et l'on aurait vu disparaître toute rivalité jalouse.

Avec une garde nationale bien organisée, un corps de réserve de cinq ou six mille hommes eût suffi dans Paris pour les services extraordinaires ; l'armée aurait pu ainsi être réduite d'un bon tiers. C'est 150 millions d'économie, que l'Etat aurait été maître d'appliquer à des défrichements pour diminuer le trop plein des villes. Où l'émeute aurait-elle pris alors ses éléments ? Plus d'émeutes, plus d'inquiétudes. Les alarmistes n'ayant aucun prétexte pour souffler la peur chez le négociant, le commerce eût retrouvé une allure vigoureuse, et, par suite, cette confiance, que tout le monde ap-

## CHAPITRE IV.

pelle d'un air effaré, serait revenue toute seule et tout naturellement.

D'un autre côté, tout en préparant une constitution plus large que celle qu'on nous a confectionnée, le Gouvernement avait pour devoir de faciliter l'association des classes de travailleurs, et si quelques hommes intermédiaires eussent été déplacés par ce mouvement industriel, cela, du moins, ne les eût pas empêché de bien dîner.

Qu'on interroge trente mille boutiquiers de Paris, ils diront que l'escompte et le monopole des grandes maisons les ruinaient avant février! Aujourd'hui, ils se plaignent de ne plus vendre; mais d'où vient que la vente est arrêtée? Quels sont donc leurs clients? Leur vraie clientèle n'est-elle pas dans le Peuple? Ne sont-ce pas les masses qui déterminent les grands mouvements d'achats ou de ventes? Or, aujourd'hui, ce peuple affamé en arrive aux haillons, plutôt que de distraire le centime qui doit aller chez le boulanger!...

S'il reste encore un vêtement ou une couverture dans un ménage nécessiteux, on voit bientôt une pauvre femme entrer furtivement, la larme à l'œil, chez un commissionnaire au Mont-de-piété. Celui-ci déroule le paquet et demande :

— Combien voulez-vous sur ça ?

— Donnez-moi dix francs.

Le commissionnaire repousse le paquet et répond :

— Nous sommes encombrés de hardes ; on ne peut vous donner que quarante sous. »

La pauvre femme insiste pour avoir au moins cinq francs, alléguant que cette loque est encore très-bonne et qu'elle a coûté vingt-cinq francs.

Tout est inutile, le jugement est prononcé.

Alors, elle reprend son paquet et se retire ; mais aussitôt elle songe que ses enfants ont faim, qu'elle n'a plus rien à leur donner... Elle rentre prendre les deux francs de *la piété*.

Il y aura du pain pour deux jours !

Paris a de beaux palais, mais il a d'affreuses mansardes !...

Pendant que le pauvre s'abstient forcément, le riche resserre sa dépense et garde ses capitaux. Le boutiquier voit arriver ses échéances et le terme du loyer. Il a aussi ses douleurs. S'il dort un instant, il rêve faillite ; mais l'amour-propre du bourgeois le domine toujours. Au lieu d'accueillir les réclamations de ses clients les ouvriers, il récrimine et se rallie aux banquiers ses patrons, pour étouffer ce cri de justice. Il ne voit pas qu'il tire sur les siens. Il s'emporte et ne parle que de fusiller. Sans doute, il aurait raison de se défendre, si l'ouvrier venait piller sa boutique; mais jusqu'à présent, quoi qu'on ait pu dire, sur cent ouvriers on en trouverait quatre-vingt-dix-neuf tout prêts à exécuter les misérables qui tenteraient de profiter d'une insurrection pour se livrer au pillage et à la vengeance.

Ces réflexions ne sont pas tout à fait hors de mon sujet. J'ai été à même d'étudier la pensée politique et les actes du peuple travailleur; et sans s'abuser sur les défauts que l'absence de l'éducation laisse subsister en lui, on peut dire que tous les sentiments généreux lui sont familiers. Avec un tel peuple, que de grandes choses pourrait faire un gouvernement intelligent et patriotique !

Rappelons-nous qui vint le premier apporter son offrande sur l'autel de la patrie ?

C'est le travailleur ! De même que, le premier aussi, il avait versé son sang sur les barricades de la République.

# CHAPITRE V

La *Revue rétrospective*. — Les sociétés secrètes en 1838. — L'insurrection de mai. — Blanqui et M. Taschereau. — Commission d'enquête. — Barbès, Martin-Bernard, Raisan, Lamieussens. — Protestation de Blanqui. — La police de M. Carlier. — Complot des séides de Blanqui. — On doit m'égorger, pendant la nuit. — Mandat d'arrestation contre Blanqui. — Lamartine refuse de la signer. — Le commissaire de police et la garde de Blanqui. — Dormes, chef du complot. — Danger d'une lutte entre les Montagnards. — Tout à feu et à sang. — Onze heures du soir. — Les révoltés en armes. — J'apaise la sédition. — Dormes est arrêté à la caserne Saint-Victor. — Les *brebis galeuses*. — Épuration des Montagnards. — Lettres de Landrin et Ledru-Rollin.

La *Revue Rétrospective* avait publié, dans les premiers jours de mars, une dénonciation sur les sociétés secrètes existant en 1838, sur leurs ramifications et le rôle qu'elles avaient joué dans les affaires de mai. Ce rapport, attribué à Blanqui, mit en émoi les patriotes. Une commission d'enquête fut nommée et dut chercher à vérifier le fait.

On vint me demander si c'était moi qui avais

livré ce document à **M.** Taschereau. Je répondis ce que j'avais déjà dit à Blanqui, lui-même, qui, la veille, m'avait fait pareille demande : « que j'ignorais entièrement l'existence de ce manuscrit, retrouvé dans les cartons du ministère de l'intérieur. L'écriture n'était point de Blanqui. On reconnut plus tard que cette pièce avait été copiée par un nommé Lalande, ex-secrétaire à la chambre des pairs, lequel vivait retiré en province depuis trois ans.

Les préoccupations de chacun des membres de la commission empêchèrent l'enquête d'aller plus loin. Mais la conviction de tous fut que Blanqui seul avait donné ces renseignements, pendant qu'il était sous le poids d'une condamnation capitale. Les citoyens Barbès, Martin-Bernard, Raisan et Lamieussens affirmèrent que tous ces détails n'avaient pu être révélés que par lui, et que la description de leur caractère était exactement la même que celle faite par Blanqui, dans ses moments confidentiels, à chacun d'eux sur le compte des autres.

Blanqui protesta de son innocence, lança l'injure, accusa de calomnie ses ennemis, mais il ne parvint pas à se justifier, et le doute resta dans les

## CHAPITRE V.

esprits. Il conserva néanmoins quelques adeptes fanatiques et dévoués.

Je dois dire que les recherches opérées, par mon ordre, dans les archives, pour éclairer cette mystérieuse affaire, demeurèrent sans résultat.

Quoi qu'il en soit, et sans en savoir encore le motif, j'étais, ainsi que beaucoup de démocrates, enveloppé dans sa haine.

Il avait réussi à introduire de ses hommes à la Préfecture, afin d'entraîner mes Montagnards à son club et d'essayer de détruire en eux toute habitude de subordination.

Plusieurs de ces nouveaux venus figuraient dans les dossiers, comme repris de justice, ou comme ayant appartenu à l'ancienne police.

Le sieur Dormes qui, après l'évacuation des Tuileries, était entré avec une trentaine d'autres dans ma troupe, était notamment attaché à la police de Carlier ; il recrutait de soi-disant combattants des barricades, et se faisait le séide de Blanqui.

Je découvris bientôt que cette bande de traîtres avait ourdi un complot qui devait éclater dans la nuit.

On aurait pénétré jusqu'à moi pendant mon sommeil, et l'on m'eût égorgé.

Ensuite, on s'emparait des armes de la Préfecture, et, à l'aide des affidés du dehors, on proclamait l'insurrection. Quelques complices, restés à l'Hôtel de ville, devaient tenter le même coup.

Ce projet fut modifié : on me savait armé, on voulut prévenir ma résistance. Comme je me couchais fort tard, il fut décidé qu'une députation se rendrait auprès de moi pendant la nuit et me poignarderait à l'aise.

La plaisanterie me parut un peu forte. Je fis suivre l'affaire par ceux qui me l'avaient révélée, mais dans l'intention de l'étouffer avant qu'elle ne transpirât en public.

Sur ces entrefaites, le colonel Rey, commandant l'Hôtel de ville, vint me visiter. Je l'engageai à se mettre sur ses gardes; il me répondit qu'il avait déjà des présomptions d'attaque.

J'avais reçu du Gouvernement l'ordre de faire arrêter Blanqui. Il manquait à cet ordre les signatures de Louis Blanc et Albert, momentanément absents du conseil. M. de Lamartine avait obstinément refusé la sienne. Je chargeai le commissaire de police Bertoglio de cette arrestation. Il

## CHAPITRE V.

se transporta, avec quatre agents, dans la maison occupée par Blanqui; il en laissa deux dans l'allée et les deux autres sur l'escalier. Après avoir frappé à la porte de l'appartement, il fut introduit dans une première pièce où se trouvaient une vingtaine d'individus armés, qui l'examinèrent d'un air soupçonneux. Il reconnut tout de suite que l'arrestation était impossible, et se retira après quelques propos insignifiants, échangés avec Blanqui.

On prit de nouvelles mesures pour s'en emparer, et une surveillance active fut exercée; mais il ne coucha point, cette nuit-là, chez lui, et redoubla de défiance et de précautions.

Un peu plus tard, le Gouvernement fit retirer l'ordre d'arrêter Blanqui, et M. Landrin, procureur de la République, m'en prévint par la lettre suivante :


« Mon cher Caussidiere,

« Le Gouvernement, au reçu de ma lettre, m'a fait demander; il m'a dit qu'il ne saurait autoriser la mise à exécution des mandats d'amener; ainsi je rengaîne mon compliment, et voilà notre responsabilité à couvert!

« J'avais écrit, dans les *termes convenus*; il m'a prié de faire surveiller exactement les *hommes suspects.*

« Cela regarde Caussidiere, ai-je répondu, et il n'y manquera pas.

« 3 mai, 1848.

« Salut, fraternité,

« LANDRIN. »

En me rendant compte du résultat de sa démarche, M. Bertoglio m'affirma avoir vu, parmi ceux qui gardaient Blanqui, le sieur Dormes, chef de Montagnards. Le soir même, dès que celui-ci fut rentré à la Préfecture, j'envoyai cinq hommes pour l'arrêter. Il ameuta les siens, qui ne voulurent point le laisser prendre, coururent aux armes et menacèrent de tout mettre à feu et à sang, et de faire sauter la Préfecture. La partie saine des Montagnards saisit aussi ses armes, et une lutte sanglante allait s'engager, lorsque je fus averti de ce qui se passait.

Il était onze heures du soir. Les insurgés s'étaient retranchés au fond d'une cour obscure.

J'écartai tous les miens, et, haletant d'indignation, je descendis seul au milieu de la révolte :

— Je sais que vous conspirez contre moi, leur dis-je. Quels sont donc ceux qui doivent venir me poignarder dans la nuit? Me voici à leur merci. Vous êtes tous armés, et contre qui donc? Vous êtes les derniers arrivés, et vous voulez faire la loi! Vous n'êtes que des instruments de désordre. Êtes-vous donc jaloux de mériter le titre de brigands que vos ennemis vous donnent? Je ne livrerai point aux tribunaux ceux qui couvent de mauvais projets; mais vous sortirez de la Préfecture; une épuration sera faite, et Dormes ira coucher en prison.

La plupart, voyant que les choses étaient allées trop loin, se groupèrent autour de moi. Dormes nia effrontément sa culpabilité et me supplia de le laisser, cette nuit encore, avec ses camarades. Il promettait de se constituer prisonnier, le lendemain.

Je fis déposer les armes, et la nuit se passa en surveillance, mais sans bruit.

Le lendemain matin, Dormes voulut sortir. Il fut arrêté.

Je rassemblai alors les chefs des Montagnards, et leur intimai l'ordre de se retirer à la caserne Saint-Victor, où ils auraient à s'épurer, en procédant au renvoi des hommes tarés, qui, depuis quelque temps, avaient été admis trop légèrement parmi eux. Ils abandonnèrent la Préfecture dans la journée, au nombre de quatre cents, et ne laissèrent qu'un poste de trente hommes de service.

Le soir même, il y eut encore quelques projets de révolte qui avortèrent, et dont Ledru-Rollin m'avait averti par ce billet :

« Cabinet du ministre de l'intérieur,
                « Paris, 19 avril 1848.

« Mon cher Caussidiere,

« J'apprends ce soir, par Albert, qui vient de voir un Montagnard en qui il a une confiance absolue, que les hommes que vous avez fait sortir de la Préfecture dans la journée veulent tenter un mouvement cette nuit ; ils ont montré un grand nombre de cartouches dont ils sont disposés, disent-ils, à se servir.

« Albert regarde ceci comme certain ; moi, je n'y crois pas. Cependant, par mesure de précaution, faites vérifier et prenez des mesures, en environnant leur casernement de nombreuses patrouilles. S'il fallait des renforts, écrivez tout de suite, que je fasse sortir de la garde mobile, sur laquelle on peut compter.

« Je le répète, je n'y crois pas ; mais Albert est tellement convaincu de la véracité de son confident, que je ne dois rien négliger.

« La tentative se ferait sur la Préfecture et l'Hôtel de ville.

« Bonne nuit, comme à l'ordinaire, en ne dormant pas.

« Ah ! que Saint-Just avait raison !

« Tout à vous,

« Ledru-Rollin. »

Depuis deux mois, les Montagnards ne m'avaient point quitté. Toujours, autant que possible, j'avais fait droit aux demandes qui me paraissaient justes, et repoussé avec fermeté les exigences en dehors de la raison. Ils partirent avec regret; mais les plus sages comprirent cependant l'utilité de cette émigration; en même temps qu'ils me promirent de renvoyer toutes les *brebis galeuses;* ce fut leur expression.

Au bout de deux jours, ils avaient, en effet, renvoyé quatre-vingts hommes, et n'augmentèrent plus leur nombre jusqu'à leur licenciement, qui eut lieu le 16 mai.

# CHAPITRE VI

La fête de la fraternité. — 20 avril. — Distribution des drapeaux. — Magnétisme de la foule. — Souvenir de mon père. — Noblesse oblige. — Digression du cœur. — Craintes d'agitation. — Projets de coups de main. — Précaution et prudence. — Je pars à cheval, à la tête de la garde républicaine. — La pluie et le soleil. — L'estrade de l'Arc de Triomphe. — Impressions de M. Lamartine. — On annule le mandat d'arrestation contre Blanqui. — Sarcasmes de M. Marrast. — Entourage du Gouvernement. — Une corbeille de femmes élégantes. — Aspect des Champs-Élysées. — Le printemps et les lilas. — Fleurs et rubans à la pointe des baïonnettes. — Revue de la capitale entière. — Le colonel Barbès. — L'armée à la République ! — Vivent les blessés de Février. — Le défilé aux flambeaux. — 400,000 soldats. — Improvisation de Ledru-Rollin. — Concorde et fraternité. — Paris à minuit. — Qu'avez-vous fait de la République ?

La distribution des drapeaux fut la plus belle journée des fastes de la jeune République.

Ce jour-là, 20 avril, tous les citoyens rassemblés pour cette solennité furent frères ; et obéissant à ce magnétisme irrésistible des grandes foules, tous, avec un enthousiasme unanime, saluèrent l'aurore du gouvernement républicain.

Dans mes souhaits ardents pour l'ordre et pour l'union de tous les Français, je n'eusse pas osé prévoir un si magnifique résultat. Elle restera gravée dans mon esprit tant que je vivrai, cette journée qui vint me fortifier et me prouver combien l'amour de l'humanité élève l'homme, et fait vibrer en lui les nobles sensations de l'existence.

Le matin de ce jour mémorable, j'étais triste et perplexe; le soir, j'eusse quitté la vie sans regret. J'aurais dit : *J'ai vu.*

O mon père! si quelques mois plus tôt, la mort ne t'avait pas brisé, et que tu eusses assisté à ce grand spectacle de fraternité, tu aurais oublié toute ta vie de souffrances et de misères pour la sainte cause des peuples. Dieu te devait cette récompense!... Oh! que je t'ai regretté ce jour-là!

Noblesse oblige : toi qui fis ton entrée dans le monde, présenté au baptême chrétien par des mains royales (1); toi qui reçus de deux princes leurs prénoms avec la promesse de te protéger et de te servir de famille, tu préféras, plus tard, emporté

(1) Mon grand-père étant attaché à l'ambassade de Vienne, mon père fut tenu sur les fonds de baptême par l'archiduc Jean Ferdinand d'Autriche et l'impératrice Beatrix.

par tes croyances, entrer au service de la République. Les campagnes d'Italie et d'Égypte furent les arènes de ton grand courage. Une vie obscure, mais toute de probité, acheva ta carrière. Ton dernier mot, lorsque je te serrai sur mon cœur, étouffé par les sanglots, fut pour la République. Ce souvenir de la noblesse de tes sentiments redoublera mes efforts pour devenir meilleur et arriver à la hauteur de tes vertus.

Que l'on me pardonne cette digression du cœur, mais je ne pouvais mieux allier la mémoire de mon père qu'à celle de cette journée.

Ma tristesse et ma perplexité du matin n'étaient pas sans causes : les bruits malveillants, répandus encore la veille, n'avaient point cessé. Ainsi, on assurait que certains agitateurs devaient profiter de cette journée pour amener du désordre dans les rangs des citoyens, et s'emparer, durant ce temps-là, de l'Hôtel de ville et de la Préfecture. D'autres se proposaient de crier : A bas Louis Blanc ! à bas Ledru-Rollin ! qu'on accusait des choses les plus contradictoires, et surtout : A bas les socialistes ! comme au 16 avril.

Ces immenses réunions me tenaient toujours dans l'inquiétude de l'imprévu ; aussi, avais-je pris toutes les mesures d'ordre, indiquées par la prudence. Un fort détachement, consigné à la Préfecture, correspondait avec moi par une ligne de surveillance, aboutissant à l'Arc de Triomphe.

Dès sept heures du matin, toutes les compagnies de la garde républicaine et des Montagnards s'étaient réunies à la Préfecture. Nous partîmes pour arriver à la tête de la colonne du défilé qui commençait près de l'Arc de Triomphe.

J'étais à cheval, ayant à ma droite le colonel Mercier ; quelques chefs de la garde républicaine nous entouraient. Malgré mes préoccupations, j'eus un instant de bonheur et de fierté, lorsque j'arrivai en présence des membres du Gouvernement provisoire, à la tête d'hommes dont l'attitude martiale faisait plaisir à voir. Je fus alors trop ému pour prononcer, comme j'en avais l'intention, quelques paroles de sympathie.

Le cri du cœur : Vive la République ! répété par toute la garde, et un salut de mon sabre, furent toute ma démonstration.

Je me plaçai à la droite de l'amphithéâtre, et fis établir une haie de garde républicaine à cheval et à pied pour maintenir la foule, qui, cette fois,

## CHAPITRE VI.

n'eut point à souffrir les bourrades dont on la gratifiait sous la monarchie.

La pluie, qui avait assombri le commencement de cette fête, cessa. Le soleil vint rayonner sur les myriades de baïonnettes qui couvraient l'avenue des Champs-Élysées. Les rapports les plus satisfaisants sur l'ordre et la tranquillité qui régnaient partout, me décidèrent à aller jouir du coup d'œil sur l'estrade, où se trouvaient réunis les membres du Gouvernement provisoire.

Comme je témoignais ma satisfaction à M. de Lamartine de cette solennité, rassurante pour le sort de la République et sa sécurité future, il me répondit:

—Croyez bien que le caractère de cette immense manifestation est surtout favorable à la propriété et au bon ordre. »

Ce fut alors qu'il me dit, ainsi que quelques membres du Gouvernement provisoire, de détruire le mandat d'arrestation contre Blanqui.

— L'unanimité patriotique de cette journée, ajouta-t-il, fera réfléchir ceux qui auraient de mauvais desseins.

— Je pense, répondis-je, qu'elle produira un

bon effet sur les ennemis de l'intérieur et de l'extérieur.

J'appris plus tard que les rapports de divers ambassadeurs avaient été concluants pour le maintien de la paix avec la République.

Les membres du Gouvernement provisoire paraissaient heureux et touchés de cette fête imposante. Un seul avait l'air profondément ennuyé : c'était M. Marrast, qui exprimait son impatience en termes sarcastiques, que nous ne voulons pas reproduire.

Autour de nous se trouvaient confondus, sur l'estrade, les blessés de Février et les décorés de Juillet, les détenus politiques, l'état-major de l'armée, de nombreuses députations de la magistrature, de l'administration et de tous les corps de l'État. Derrière nous, sur un amphithéâtre qui se dressait jusqu'à la voûte du monument, étaient assises des dames, en grand nombre et richement parées, auxquelles on avait offert des bouquets.

Mais le spectacle le plus magnifique était cette longue avenue déroulée devant nous, avec sa bordure de grands arbres, déjà pailletés des premières feuilles tendres du printemps. Aussi loin que la vue pouvait s'étendre, de la barrière de l'Étoile aux

Tuileries, on ne découvrait que des fusils et des hommes armés, brillant au milieu d'une foule compacte et mouvante ; des masses innombrables s'avançant vers l'Arc de Triomphe, défilant avec ordre et se séparant en deux gerbes, à droite et à gauche, après avoir salué la République et ses représentants ; les arbres, chargés d'hommes et d'enfants qui s'y étaient improvisé des loges et des tribunes ; une forêt capricieuse de bouquets, de branches d'arbres, de lilas, de rubans, agités à la pointe des baïonnettes ; un mouvement plein de vie et sans tumulte ; des blouses et des habits de toutes couleurs, mêlés aux uniformes ; des costumes de toute sorte, parmi les citoyens armés ou sans armes ; des enfants, des femmes, toute la population de toutes les classes, s'agitant avec enthousiasme et criant : Vive la République ! C'était, pour ainsi dire, une revue de la capitale entière, une revue en masse du peuple français, acclamant la révolution.

Le *Moniteur* raconte, entre autres, quelques épisodes qui furent très-remarqués :

« La 12ᵉ légion, commandée par Barbès, avait eu le pas sur toutes les légions de Paris, comme étant la plus éloignée des lieux où se passait cette grande

scène. Le colonel, à cheval, s'est avancé au milieu des plus vifs applaudissements, et il a dit au Gouvernement provisoire : — « Si la légion à laquelle j'ai
» l'honneur de commander est la dernière par son
» numéro d'ordre, elle ne sera pas la dernière, soyez-
» en sûrs, à défendre la République. » L'enthousiasme de la foule a éclaté par de frénétiques bravos.

« Le colonel du 49e de ligne, en passant au pied de l'estrade et en abaissant son épée devant le Gouvernement provisoire, s'est écrié : « L'armée à la Ré-
» publique ! » et le Peuple s'est mis à battre des mains.

« Quand les blessés de Février ont défilé avec leur drapeau, la plupart portant encore les marques héroïques et douloureuses de leur patriotisme, et couverts de la capote grise du malade, le Gouvernememènt provisoire, profondément ému, s'est levé spontanément, et le peuple, non moins ému, criait : « Vivent les blessés ! vivent les braves de Février ! »

Les drapeaux avaient été distribués, au commencement de la revue, aux chefs du génie, des pompiers, de la marine, de l'infanterie légère, de la garde nationale, de l'infanterie de ligne, de l'artillerie, de la grosse cavalerie, des équipages de ligne, de la cavalerie légère, de la garde républicaine de l'Hôtel de ville, de la légion de cavalerie, de la garde nationale, des blessés de Février, des détenus politiques, etc. Le défilé, commencé vers dix heures du matin, n'était pas encore près de finir quand vint la nuit. Alors, des milliers de flambeaux et des illuminations splendides donnèrent à la fête un aspect tout nouveau. Des lueurs étincelaient sur les armes, des ombres épaisses recélaient au loin dans une obscurité profonde des centaines de mille hommes qui venaient, sans que leur flot parût devoir s'épuiser, se montrer tout à coup d'un pas rapide à l'éclat des flambeaux dont était entouré le Gouvernement.

« On calcule, ajoute le *Moniteur*, que quatre cent mille hommes armés, au moins, ont défilé devant le Gouvernement provisoire. Jamais aussi puissante armée n'a déployé ses rangs dans un espace aussi resserré et dans un temps aussi rapide, avec autant de calme ; jamais capitale d'un grand peuple n'a fait une manifestation aussi colossale, ni aussi rassurante : on eût dit d'une immense famille, unie dans la plus profonde et la plus fraternelle sympathie. »

A dix heures du soir, les dernières colonnes serpentaient encore devant l'Arc de Triomphe. Quelques-uns des membres du Gouvernement s'étaient déjà retirés. Aussitôt le défilé terminé, les Montagnards et la garde républicaine se rassemblèrent et cédèrent le pas à la garde nationale riveraine, pour escorter le ministre de l'intérieur jusqu'à son hôtel.

Le cortége se mit en marche à la lueur des torches, précédé par la musique du Gymnase dramatique, laquelle jouait des airs patriotiques, chantés en chœur par tous.

M. Ledru-Rollin, par une chaleureuse improvisation, engagea à la concorde et à la fraternité les citoyens groupés dans la cour du ministère.

Comme lui, je fus reconduit à la Préfecture, où je remerciai à mon tour mes soldats patriotes, les engageant à faire toujours une bonne et sage police, qui leur conquerrait l'affection du Peuple.

A minuit, la ville encore illuminée, s'endormait dans une sécurité de favorable augure.

Qu'a-t-on fait, depuis ce temps-là, de la République populaire et de la révolution de Février?

C'est au Gouvernement provisoire, à la Commission exécutive, à l'Assemblée nationale, au dictateur Cavaignac et à ses ministres de répondre.

# CHAPITRE VII

Le 23 avril. — Ouverture des élections. — Prévisions diverses. — Effroi des royalistes. — Les effrontés, les habiles et les lâches. — Professions de foi. — MM. Billault, Dufaure, Dupin, Barrot, Thiers. — Manœuvres en province. — La nouvelle Trinité. — L'ordre, la famille, la propriété. — Moralité de la monarchie. — Réformes sociales. — Le communisme et les campagnes. — Grands et petits. — Circulaires du ministre de l'intérieur. — Le bulletin de la République, n° 16. — George Sand. — La fausse représentation nationale. — Agitation de Paris. — Les clubs et leurs candidats. — Le sourd-muet. — Unité de la bourgeoisie. — *Le Constitutionnel, le Siècle* et *le National*. — Les faux ouvriers. — Comité populaire. — Le Luxembourg et le club des clubs. — Négligence des plébéiens. — Les élections de juin et de septembre. — Louis Blanc le 27e. — Fraudes électorales. — Proclamation du 23 avril. — Les 34 députés de Paris. — Lamartine et Lamennais. — J'ai 133,779 voix. — Compliments et bouquets.


Le Gouvernement provisoire avait fixé le 23 avril pour l'ouverture des élections générales. Le résultat de cette première application du suffrage universel inquiétait tous les partis, et personne n'aurait pu deviner la proportion de conservateurs et de républicains, qui allait sortir de cette loterie.

Les royalistes, d'abord effrayés, n'osèrent pas même se présenter dans les premiers temps, et semblaient convenir qu'il fallait être républicain pour organiser la République. Peu à peu, les plus effrontés se risquèrent, puis, les habiles, et jusqu'aux plus timides, qui s'étaient cachés après leur lâcheté en Février. On lut ainsi successivement des professions de foi, humbles et entortillées, de M. Billaut, de M. Lasteyrie, de M. Dufaure, de M. Dupin, de M. Barrot, et même de M. Thiers. Cela nous parut assez bouffon, et nous étions bien loin alors de redouter l'influence de ces coteries, si récemment vaincues.

Mais les riches, les financiers, les propriétaires, les nobles et les abbés se remuaient cependant avec accord dans toutes les provinces, et corrompaient l'opinion par toutes sortes de manœuvres calomnieuses. On se rappelle les mensonges impudents qu'inventaient chaque jour leurs feuilles périodiques, à Paris et dans les départements. De tous côtés, les réactionnaires criaient au communisme et à l'anarchie, pour effrayer les populations flottantes, et les rallier aux prétendus amis de l'ordre.

C'est alors qu'ils découvrirent cette fameuse tri-

## CHAPITRE VII.

nité nouvelle, destinée à remplacer la formule : liberté, égalité, fraternité. — L'*ordre*, la *famille* et la *propriété* furent censés menacés par la République et défendus par les hommes de l'ancien régime. Le bon ordre, en effet, que la monarchie avait su maintenir! L'édifiante moralité qu'on remarque dans les familles des riches! Et comme le droit de propriété est bien réparti en France! Quelle aisance dans la population! Vraiment, il faut être insensé pour réclamer quelques réformes sociales!

La République, qui seule peut garantir un ordre durable, une famille digne de respect, et une propriété légitime; la République, qui veut, au contraire, universaliser la famille et la propriété, fut donc attaquée avec ses propres armes; et les bourgeois réussirent si bien dans leur hypocrite tactique, qu'une certaine épouvante envahit les classes moyennes et les campagnes. Les paysans votèrent donc pour leurs seigneurs, les ouvriers pour leurs patrons, les pauvres pour les riches, les petits marchands pour les banquiers, les petits propriétaires pour les usuriers,—tous les exploités pour leurs maîtres!

La liste des élections départementales présenta

tous les noms de l'ancienne chambre monarchique, avec quelques millionnaires et quelques évêques de plus.

Le ministre de l'intérieur, qui voyait de loin toutes les intrigues des contre-révolutionnaires, adressa à ses agents plusieurs circulaires vigoureuses, qui furent âprement critiquées par la presse royaliste, ainsi que le fameux *Bulletin de la République*, n° 16, rédigé par George Sand, et dans lequel on remarque le passage suivant :

« Dix-huit ans de mensonge opposent au régime de la vérité, des obstacles qu'un souffle ne renverse pas. Les élections, si elles ne font pas triompher la *vérité sociale*, si elles ne sont que l'expression des intérêts d'une caste, arrachée à la confiante loyauté du Peuple, les élections, qui devraient être le salut de la République, seront sa perte, il n'en faut pas douter. Il n'y aurait alors qu'une voie de salut pour le Peuple qui a fait les barricades, ce serait de manifester une seconde fois sa volonté, et d'ajourner les décisions d'une *fausse représentation nationale.* »

Paris était encore bien plus agité que la province. Les clubs de toute nuance faisaient courir leurs listes et appelaient les candidats à venir exposer leurs doctrines. Les murailles étaient couvertes d'affiches, et les bulletins de votes étaient distribués par millions dans la ville. Le nombre des candidats était fabuleux, et la collection de leurs professions de foi serait un des documents les plus curieux sur la variété de l'esprit humain. Tous étaient fort bons patriotes; mais chacun avait des raisons spéciales pour mériter la confiance de ses concitoyens. Les uns tenaient leur titre de leur père ou de leur fils, de leur richesse ou de leur pauvreté, de leur ignorance ou de leur éducation; la plupart de l'état auquel ils appartenaient : les généraux voulaient représenter l'armée, les avocats la législation; il y eut jusqu'à un sourd-muet qui demanda les suffrages de Paris pour parler par signes à la Constituante.

Mais, au milieu de tant de concurrents, la bourgeoisie sut pourtant organiser une certaine unité. Les journaux conservateurs, comme *le Constitutionnel, le Siècle* et *le National*, devenus ministériels, s'entendirent à peu près sur une liste commune, composée des anciens députés de Paris, de la fraction *modérée* du Gouvernement provisoire, de quelques faux ouvriers, quelques généraux et quelques abbés.

Le Peuple, de son côté, organisa des comités pour choisir des candidats démocratiques. Les délégués des travailleurs, réunis au Luxembourg, et le club des clubs, passèrent aux voix une liste composée des quatre membres du Gouvernement, Louis Blanc, Albert, Ledru-Rollin et Flocon ; du préfet de police Caussidière ; de Pierre Leroux, Barbès, Thoré, Raspail, Proudhon, et d'une vingtaine d'ouvriers de tous métiers.

Mais les électeurs plébéiens négligèrent, en grand nombre, de se faire inscrire aux municipalités et d'exercer leur droit de vote. Le parti démocrate et socialiste n'avait pas encore constitué cette unité imposante qui l'a fait réussir dans les élections de juin et de septembre.

Aussi, la liste combinée du *Constitutionnel*, du *National* et du *Siècle* passa-t-elle presque entière ; et Louis Blanc, qui avait cependant une si grande popularité, n'arriva que le 27e.

Dieu sait l'agitation et le mouvement que s'étaient donnés les meneurs d'élection. Jusqu'à la fin, on employa bien des manœuvres et des fraudes : par exemple, dans quelques mairies, les bulletins de vote se distribuaient, dans la cour, aux premiers venus, et on en faisait trafic aux portes.

Je crus devoir flétrir ces abus coupables et rappeler à la conscience politique ceux qui tentaient de fausser les élections.

On lisait, dans ma proclamation du 23 avril :

« Il faut que chacun saisisse les conséquences désastreuses qui peuvent résulter d'une représentation nationale tronquée ; il faut que la voix du Peuple soit la voix de Dieu ; que le sentiment politique intime se révèle pur et sans souillure de ces trafics scandaleux, qui, sous le régime tombé, altéraient même les votes des privilégiés.

« Qu'il n'en soit plus ainsi, pour la gloire et le bonheur du Peuple républicain ; qu'il écrase sous le poids de sa moralité les manœuvres de quelques hommes qui veulent porter atteinte à la sainteté de ses devoirs ; et la France régénérée entraînera par son exemple l'humanité tout entière à l'adoption de ses institutions.

« Dans tous les cas, les mesures sont prises pour que toute fraude soit découverte, et justice sera faite du crime que la conscience publique réprouve le plus : l'attentat à la souveraineté du Peuple par la ruse, quand on n'ose plus la combattre ouvertement. »

Le dépouillement des urnes des divers arrondissements de Paris tint, pendant plusieurs jours, la curiosité publique en émoi.

Le 29 avril, à onze heures du matin, les trente-quatre représentants de Paris furent proclamés. M. Lamartine sortit le premier, au chiffre de 252,800 voix ; M. Lamennais, le 34e, réunissait 104,871 voix. Ainsi, la première phalange, expression du suffrage universel, fut enserrée entre deux hommes d'un génie littéraire incontestable.

Les noms de quarante-neuf candidats furent ensuite cités comme ayant eu le plus de voix après les trente-quatre élus.

Comme démocrate et comme magistrat, j'avais été porté sur plusieurs listes ; 133,779 votes m'appelèrent, vingtième, à représenter le premier peuple du monde.

Ce jour-là, je reçus mille compliments, et je fus étouffé sous les bouquets. Les Montagnards, la garde républicaine, les sapeurs pompiers, vinrent tour à tour me témoigner leur affection fraternelle. Les employés de la Préfecture y joignirent aussi leurs félicitations.

Un fonctionnaire devrait, avant tout, s'assurer l'affection de ses subordonnés. Sa dignité ne peut être atteinte, lorsqu'il montrera une véritable expansion. C'est par ses actes qu'il obtiendra le respect et l'obéissance, toutes les fois que la nécessité imposera de rudes tâches à accomplir.

Diverses personnes vinrent me voir, et me dirent que, pour me conserver à mes fonctions, bon nombre de citoyens ne m'avaient point porté à la candidature, de peur que je préférasse l'Assemblée nationale à la Préfecture de police.

Comment, après toutes ces démonstrations, ne pas redoubler d'ardeur dans la gestion des affaires? Il eût fallu être dépourvu de cœur et de tout sentiment honnête.

# CHAPITRE VIII

Résultat des élections dans les départements. — Les démocrates et les réactionnaires. — Calomnies et lettres anonymes. — Agents royalistes. — Avec de l'or. — L'Assemblée nationale à la Seine. — Rapports des clubs. — Proclamation du préfet. — Visite de M. Lamartine. — Combinaison d'un nouveau gouvernement. — Ledru-Rollin et Flocon. — Avis de M. Lamartine. — 1,500,000 voix. — Entrevue des trois candidats. — Haines et ambitions. — Le palais de l'Assemblée nationale. — La nouvelle salle. — Les sapeurs pompiers. — Le général Courtais. — La garde nationale et la garde républicaine.

Les élections s'étaient faites avec calme, sans qu'aucune démonstration perturbatrice vînt fatiguer la capitale. S'il y eut de l'agitation, elle fut seulement dans les esprits. Toutefois, cette tranquillité extérieure ne se maintint pas jusqu'à l'ouverture de l'Assemblée nationale.

Le résultat des élections des départements produisit une vive irritation chez les démocrates ardents du peuple parisien. D'un autre côté, les espérances des réactionnaires se manifestaient plus ouvertement, et leurs organes continuaient des attaques calomnieuses contre les élus républicains.

Des lettres de menace, anonymes, étaient adressées de part et d'autre.

On disait que des agents royalistes du plus haut rang s'étaient introduits furtivement dans Paris pour y préparer la contre-révolution, et qu'ils cherchaient à corrompre avec de l'or les citoyens pauvres. Le Peuple se croyait trahi, et parlait de jeter l'Assemblée nationale dans la Seine, si elle ne proclamait pas immédiatement des institutions démocratiques.

Les investigations de quelques agents particuliers me tenaient au courant de la réalité des choses. La quantité de personnes de toute opinion qui venaient à la Préfecture, les rapports des clubs surtout, achevaient de me donner la mesure exacte de l'émotion publique, qui nécessita, de ma part, l'adresse suivante aux habitants :

« Citoyens,

« Des rumeurs sourdes circulent depuis quelques jours dans tous les rangs de la société ; des provocations, soit verbales, soit écrites, sont adressées à une partie de la population contre l'autre. Le devoir du préfet de police est de veiller, en tout temps, à la sécurité des citoyens et à la tranquillité de Paris. L'agitation suscitée par cet appel au désordre a éveillé sa sollicitude; il espère que les vrais républicains comprendront qu'aujourd'hui, plus que jamais, le Gouvernement doit compter sur leur appui énergique. Au moment où les représentants du Peuple vont se réunir, quand les questions les plus graves vont se discuter, quand les institutions républicaines vont passer des idées dans les actes, recevoir, après les acclamations de l'instinct et du sentiment populaires, la consécration de la raison pure et réfléchie des représentants du Peuple, et assurer son bien-être; quand, enfin, toutes les forces qui constituent l'humanité s'apprêtent à sanctifier la République, notre idole, irons-nous, citoyens, former deux camps ennemis, et montrer au monde, qui a les yeux sur la France, qu'au pied de nos monuments, où nous avons inscrit ces mots sublimes : *Liberté*, *Egalité*, *Fraternité*, des enfants de la même patrie sont armés les uns contre les autres ?

« Vos magistrats, citoyens, celui-là surtout que vous avez appelé au poste qu'il ne veut occuper que pour concourir, dans la limite de ses forces, à votre sécurité à tous, se refusent à croire à un pareil égarement. La lutte à main armée, quand s'ouvre l'arène de discussion des idées, ne peut être que l'œuvre de traîtres à la République, ou d'insensés voulant amener dans l'ordre matériel le désordre de leur esprit. Mais ceux-ci, la République les renie pour ses enfants; elle n'a engendré que des cœurs dévoués et généreux, et c'est à ces vrais républicains qu'elle confiera le sort de ses destinées.

« Paris, le 3 mai 1848.

« *Le préfet de police,*

« Caussidiere. »

Je voyais arriver le jour de l'ouverture de l'Assemblée avec plaisir, pensant que la représentation nationale, par son attitude, ferait cesser ces clameurs sans fin, et qu'elle comprendrait les nouveaux devoirs imposés à tous par la révolution de Février.

Sur ces entrefaites, M. Lamartine vint me voir à la Préfecture.

Je l'avertis du mécontentement sourd qui existait chez le Peuple, et des bruits qui couraient sur la formation du nouveau gouvernement :

—Les uns parlent d'un pouvoir, composé de trois membres ; les autres veulent nommer un président. Si le premier mode est adopté, il me semble qu'en adjoignant à votre nom ceux de Ledru-Rollin et de Flocon, les intérêts du Peuple et de la bourgeoisie seraient ainsi satisfaits en même temps.

— Cette combinaison ne serait point acceptée, me répondit-il ; c'est tout au plus si Ledru-Rollin pourrait y être introduit : quant à Flocon, il n'y faut point songer.

Les quinze cent mille voix que je viens d'obtenir ne m'ont été données que parce que j'ai présenté des garanties de paix et d'ordre ; j'ai vu depuis trois ou quatre jours plusieurs centaines de députés qui se rallieront tous à ces principes. »

Je n'insistai pas autrement ; mais j'ajoutai que pour assurer la paix et l'ordre, si ardemment désirés par tout le monde, il était indispensable que le Peuple comptât de vrais révolutionnaires parmi les membres du nouveau pouvoir.

J'appris ensuite de M. Ledru-Rollin que lui et Flocon avaient eu une entrevue avec M. Lamartine; qu'on avait parlé de ce projet ; que M. Lamartine n'était pas alors éloigné de s'y prêter, mais que l'amour-propre de Flocon avait rendu tout arrangement impossible.

Ainsi, on arrivait à l'ouverture de l'Assemblée avec des craintes et des haines d'une part, et d'autre part avec des espérances et des ambitions.

Le 3 mai, je me rendis au palais de l'Assemblée nationale, pour visiter la nouvelle salle dans tous ses détails et m'assurer qu'elle n'offrait aucun danger.

J'étais accompagné du chef de la police municipale, du chef de la première division, du commissaire de police du palais de justice, et du colonel de la garde républicaine.

Un poste de sapeurs pompiers et de garde républicaine y était déjà installé.

Après avoir donné les instructions les plus minutieuses à M. Terchon, commandant des sapeurs pompiers, ainsi qu'au colonel de la garde républicaine, en ce qui concernait leurs attributions, j'entrai dans une salle où se trouvaient réunis le général Courtais, ainsi que plusieurs officiers d'état-major et divers fonctionnaires.

J'annonçai alors au général qu'un piquet de cent hommes était commandé pour un service de sûreté à l'ouverture de l'Assemblée.

Le général Courtais me répondit que la garde nationale ayant revendiqué l'honneur de garder seule l'Assemblée, le Gouvernement provisoire avait donné l'ordre que ce service lui fût exclusivement réservé.

Je témoignai mon mécontentement d'une mesure qui semblait mettre en suspicion la garde républicaine, dont on n'avait eu qu'à se louer.

On m'enlevait ainsi un moyen de sécurité, indispensable dans un temps révolutionnaire. Sans anticiper sur les événements, je puis affirmer que si, plus tard, on avait eu un poste de garde républicaine à l'Assemblée, nul n'eût osé en franchir le seuil. Le patriotisme de cette garde, bien connu, eût suffi pour maintenir le Peuple, auquel elle eût fait comprendre la culpabilité de cette démarche.

Je vis encore dans ces défiances singulières la continuation d'un système arrêté pour amoindrir l'importance de mes fonctions.

Je suis convaincu, d'ailleurs, que la garde nationale n'eût point été formalisée de voir un poste de sûreté, occupé par une garde qui avait tant d'intérêt au maintien de la République. C'eût été une garantie morale et matérielle de plus contre toute tentative de désordre.

# CHAPITRE IX

Le 4 mai. — Ouverture de l'Assemblée nationale. — Champ clos — Cortége du Gouvernement. — Vive Lamartine! — Marche triomphale du futur président. — Entrée dans la salle de la Constituante. — Dupont (de l'Eure), Lamartine et Louis Blanc. — M. Audry de Puyraveau. — Physionomie de l'Assemblée. — Béranger et M. la Rochejaquelein. — Un banc de royalistes. — La cime de la Montagne. — Barbès et les Arago. — Le moine en froc blanc. — M. Lamennais et M. Montalembert. — La coterie du *National*. — Les nouveaux venus. — Le costume. — La mode de la Convention. — Discours de Dupont (de l'Eure). — Le Gouvernement remet ses pouvoirs. — Adhésion unanime à la République — Déclaration de l'Assemblée. — Le général Courtais. — L'Assemblée devant le Peuple. — Enthousiasme. — Qu'est devenue la fraternité? — Triste prédiction. — Hamlet. — Des mots!

C'était un jour bien impatiemment attendu que le 4 mai!

Tous les partis, toutes les espérances, tous les regrets, toutes les ambitions, arrivaient là en champ clos.

Le sort de la République allait dépendre, en

effet, de cette étrange réunion d'hommes, où toutes les vieilles idées, tous les vieux intérêts semblaient dès lors en majorité.

A midi, la salle des séances était déjà envahie par plus de cinq cents représentants.

Le Gouvernement provisoire, réuni au ministère de la justice, sur la place Vendôme, pour se rendre en corps à l'Assemblée, s'avança, vers midi et demi, entre une haie de gardes nationaux. Tout le long de la route, on entendit crier partout : *Vive la République ! Vive Lamartine !*

On eût dit que le cortége accompagnait la marche triomphale du citoyen Lamartine, que les vivat enthousiastes répétés sans cesse par la bourgeoisie de la garde nationale paraissaient désigner à la présidence de la France. Un nuage n'avait point encore couvert sa popularité.

Les cris de : Vive le Gouvernement provisoire furent aussi proférés, mais rarement.

Bientôt le Gouvernement fit son entrée dans la salle de la Constituante, Dupont (de l'Eure) en tête et soutenu par Lamartine et Louis Blanc.

Le citoyen Audry de Puyraveau présidait, comme doyen d'âge.

La physionomie de l'Assemblée était curieuse.

## CHAPITRE IX.

Les places avaient été choisies un peu au hasard, et l'on s'étonnait de mélanges singuliers. A droite, presqu'au-dessus de Béranger, un banc de légitimistes, M. de la Rochejaquelein entre autres ; puis, un banc de royalistes, autour de M. Barrot : MM. Dupin, Duvergier de Hauranne, de Malleville, Remusat ; à la cime de la gauche, à l'angle extrême de la Montagne, Barbès, Etienne et Emmanuel Arago.

C'est là qu'était marquée ma place de représentant.

Un peu plus loin, les deux places réservées à Baune et à Martin-Bernard ; puis, Félix Pyat, Guinard, David (d'Angers), et l'abbé Lacordaire, en froc blanc. Au-dessous de lui, M. Lamennais. En face de la tribune, M. de Montalembert.

La coterie du *National* occupait la gauche, au-dessus des bancs ministériels.

Les députés nouveaux venus, étrangers aux anciens partis, étaient, en général, relégués dans les fonds, à l'extrémité de cette vilaine salle longue, où la moitié des assistants n'entendait rien.

On avait beaucoup parlé à l'avance du costume décrété par le Gouvernement. Personne, ou à peu près, ne s'y était conformé, pas même les membres du pouvoir. J'étais peut-être le seul avec le gilet blanc, à grands revers, à la mode de la Convention.

Lorsque la première émotion fut calmée, le citoyen Dupont (de l'Eure) monta à la tribune et lut un discours préparé en commun avec ses collègues, pour remettre collectivement les pouvoirs du Gouvernement républicain à l'Assemblée nationale :

« Citoyens représentants du Peuple,

« Le Gouvernement provisoire de la République vient s'incliner devant la nation, et rendre un hommage éclatant au pouvoir suprême dont vous êtes investis.

« Elus du Peuple ! soyez les bienvenus dans la grande capitale, où votre présence fait naître un sentiment de bonheur et d'espérance qui ne sera pas trompé.

« Dépositaires de la souveraineté nationale, vous allez fonder nos institutions nouvelles sur les larges bases de la démocratie, et donner à la France la seule constitution qui puisse lui convenir, une constitution républicaine. »

(Cri universel : *Vive la République !*)

« Mais, après avoir proclamé la grande loi politique qui va constituer définitivement le pays, comme nous, citoyens représentants, vous vous occuperez de régler l'action possible et efficace du Gouvernement dans les rapports que la nécessité du travail établit entre tous les citoyens, et qui doivent avoir pour base les saintes lois de la justice et de la fraternité.

« Enfin, le moment est arrivé pour le Gouvernement provisoire de déposer entre vos mains le pouvoir illimité dont la révolution l'avait investi. Vous savez si, pour nous, cette dictature a été autre chose qu'une puissance morale, au milieu des circonstances difficiles que nous avons traversées.

« Fidèles à notre origine et à nos convictions personnelles, nous n'avons pas hésité à proclamer la République naissante de Février.

« Aujourd'hui, nous inaugurons les travaux de l'Assemblée nationale, à ce cri qui doit toujours la rallier : *Vive la République!* »

Puis, le ministre de la justice invita l'Assemblée à commencer ses travaux et à se diviser en bureaux pour procéder à la vérification des pouvoirs.

Deux heures après, l'Assemblée rentrait en séance, et le citoyen Olivier (de Marseille) ayant réclamé de chaque député admis l'adhésion personnelle à la République, l'Assemblée entière se leva aux cris de : *Vive la République!*

Bientôt, un député de la Seine proposa la proclamation suivante, qui fut votée d'enthousiasme :

« L'Assemblée nationale,

« Fidèle interprète des sentiments du Peuple qui vient de la nommer,

« Avant de commencer ses travaux,

« DÉCLARE, au nom du Peuple français, et à la face du monde entier, que LA RÉPUBLIQUE, proclamée le 24 février 1848, est et restera la forme du gouvernement de la France.

« La République que veut la France a pour devise : *liberté, égalité, fraternité.*

« Au nom de la patrie, l'Assemblée conjure tous les Français de toutes les opinions d'oublier d'anciens dissentiments, de ne plus former qu'une seule famille. Le jour qui réunit les représentants du Peuple est pour tous les citoyens la fête de la concorde et de la fraternité.

« *Vive la République!* »

## CHAPITRE IX.

Mais, tout à coup, au milieu des applaudissements, le général en chef des gardes nationales, le citoyen Courtais, vient exprimer le vœu du Peuple, qui appelle le Gouvernement et l'Assemblée pour acclamer la République sur les marches du palais, en face du soleil.

Alors, tous les représentants du Peuple suivent le président et vont défiler devant une foule immense qui encombrait le péristyle, les cours, la place, les quais et le pont.

Ce moment fut solennel. La grande voix du Peuple répondait comme un écho sympathique à la voix de ses mandataires ; et durant quelques minutes, tout le monde obéit à un entraînement religieux.

Depuis les premières manifestations des combattants de février autour de l'Hôtel de ville, aucun spectacle de la révolution n'eut plus de grandeur et de patriotisme que cet instant, si fugitif, où la population et le pouvoir issu du suffrage universel semblaient être animés d'une seule âme et d'un seul esprit.

Sous le règne de l'Assemblée, qu'est devenue, hélas ! cette harmonie précieuse, qui devait être le prélude d'une véritable fraternité ?

Dès le lendemain, on lisait, dans *la Vraie République*, cette prévision que l'avenir a justifiée :

« La fête a été magnifique, à l'intérieur de la salle aussi bien qu'au dehors. Mais cependant, sous cet enthousiasme des neuf cent citoyens choisis par les électeurs, il est permis de se demander quels sentiments, quelles idées s'agitent. Une assemblée est comme un homme. On la peut juger à première vue, sur sa physionomie. La république sociale et populaire, la république de l'égalité et de la justice, combien compte-t-elle d'adorateurs dans cette réunion de bourgeois qui la considéraient hier comme un crime ou une folie ?

« En quittant la salle, les vrais républicains songeaient peut-être à la belle scène d'Hamlet : **Des mots, des mots, des mots !** »

# CHAPITRE X

L'Assemblée nationale et le Gouvernement. — Le 8 mai. — Bien ou beaucoup. — Louis Blanc et Albert. — Les ateliers nationaux et M. Émile Thomas. — M. Marie. — Le budget du Luxembourg. — 2 fr. 50 c. par tête. — Étonnement de M. Garnier-Pagès. — Banquiers et millionnaires. — Un dîner chez M. Crémieux. — M. Lamoricière et M. Étienne Arago. — La place du Palais-Royal. — M. Lamoricière à la cour le 24 février. — Indécision du roi et du duc de Nemours. — Beau zèle du général. — Réponse d'Albert. — Affranchissement du Peuple. — La commission exécutive. — La duchesse de Berri en France. — Henri V à Paris. — Une cachette dans le faubourg Saint-Germain. — Les cheveux blonds. — La cour de Charles X. — Plus de prétendants.

L'Assemblée nationale, dans sa séance du 8 mai, décréta que le Gouvernement provisoire avait bien mérité de la patrie. En considérant les difficultés qu'il eut à traverser, il est certain que la position était laborieuse, et que, de part et d'autre, les membres du pouvoir passèrent les jours et les nuits, livrés à un travail actif et incessant. Le Conseil, sans doute, perdit, en discussions hostiles, des moments précieux ; mais encore faut-il lui rendre cette justice, que, s'il ne fit pas toujours bien, il fit beaucoup, en peu de temps.

La réaction, déjà puissante, accusait Louis Blanc et Albert d'agiter et de troubler la société. Ils donnèrent leur démission de président et vice-président du Luxembourg.

Aucun budget ne leur avait été alloué pour favoriser les tentatives d'associations entre ouvriers, tandis que les ateliers nationaux, dirigés par M. Émile Thomas, sous le patronage de M. Marie, absorbaient d'immenses capitaux, sans autre résultat que de démoraliser les citoyens.

Louis Blanc avait toujours été opposé à ces ateliers de cantonniers, où l'on employait cent vingt mille hommes à des terrassements inutiles ; ce qui n'a pas empêché de le rendre responsable, bien injustement, de cette malheureuse création des ateliers nationaux.

On lui reprochait aussi une vie somptueuse dans son palais du Luxembourg, dont le budget, cependant, était si mesquin, que M. Garnier-Pagès, alors ministre des finances, adressa, à Louis Blanc et à Albert, des observations sur ce qu'il appelait leur parcimonie.

Chacun d'eux, en effet, ne dépensait que 2 fr. 50 c. pour son dîner.

— C'est une critique de vos collègues, disait Garnier-Pagès, et des dépenses qu'ils sont obligés de faire.

— Vous autres, qui recevez des banquiers et des millionnaires, lui aurait répondu Louis Blanc, vous êtes libres de les traiter avec luxe; mais moi, constamment en face d'ouvriers, qui manquent souvent du nécessaire, je ne pourrais, sans insulter à leur misère, déployer pour ma table un faste insolent.

En effet, j'avais été invité à dîner, quelques jours avant les élections, chez M. Crémieux, où se trouvaient réunis MM. Lamoricière, Bedeau, Étienne Arago, Louis Blanc et Albert. Je dis à celui-ci que M. Grandmesnil, en sortant de dîner au Luxembourg, s'était plaint de l'exiguïté de leur ordinaire, prétendant que les employés vivaient beaucoup mieux qu'eux.

— C'est vrai, me répondit Albert : outre que nous tenons à vivre simplement, nous ne voudrions pas vivre luxueusement en face du Peuple qui souffre.

Ce souvenir en évoque un autre : A ce même

dîner, chez Crémieux, on parla beaucoup des journées de Février. Etienne Arago rappela au général Lamoricière l'affaire du Palais-Royal. Le général convint qu'il s'était trouvé là dans une position critique, et que, sans Etienne Arago, on lui eût fait un mauvais parti. On discuta beaucoup sur les chances de cette journée, et M. Lamoricière dit :

— « Les choses n'auraient point tourné de cette manière, si je n'avais rencontré tant d'hésitation à la cour. »

Il raconta alors que le 24, vers onze heures du matin, il s'était rendu auprès du roi pour y prendre des ordres. Sa Majesté paraissait abattue et le renvoya au duc de Nemours. Le futur régent, plus indécis et plus effrayé que le roi, ne voulut adopter aucunes mesures extraordinaires.

C'est ce manque de direction qui avait paralysé le zèle du général.

— Tout le zèle du monde n'y aurait rien fait, objecta Albert, tout était préparé pour un succès certain. Les sociétés secrètes avaient remué la population militante de Paris. Après le massacre des Capucines, tous les insurgés étaient déterminés à vaincre ou à mourir. Les soldats de Louis-Philippe, en cas d'une victoire chèrement acquise, n'auraient eu à marcher que sur des cadavres et des décombres. »

J'appuyai l'opinion d'Albert. D'après ce que, personnellement, j'avais été à même de voir, la réussite ne pouvait être douteuse. La lutte, prolongée de quelques jours, aurait seulement amené, d'une manière plus infaillible, l'affranchissement du Peuple.

Le Gouvernement provisoire, remercié le 8 mai, fut remplacé, le 10, par une Commission exécutive, composée de cinq membres de l'ancien gouvernement, MM. François Arago, Garnier-Pagès, Marie, Lamartine et Ledru-Rollin. Le côté pâle du Gouvernement se trouvait en complète majorité.

C'est à ce moment de la dissolution du gouvernement révolutionnaire, qu'on annonça l'arrivée de la duchesse de Berri en France. Elle était venue, disait-on, intriguer en faveur de Henri V, et tenait des conciliabules secrets avec les légitimistes. On l'avait vue, soit à Saint-Cloud, soit à Paris. Certaines gens allèrent plus loin, et prétendirent que Henri V lui-même était avec elle et préparait une prochaine restauration. J'avais reçu une foule d'avertissements de ce genre ; mais, comme d'habitude, j'attachais peu d'importance à ces dénonciations absurdes, qui tendent à détourner l'attention des choses réelles; cependant, une personne digne de foi vint m'affirmer que la duchesse de Berri était réellement cachée dans le faubourg Saint-Germain, sous le nom d'une dame de sa cour; que deux témoins oculaires, qui la connaissaient, étaient sûrs de l'avoir reconnue.

J'invitai le secrétaire général à se rendre lui-même auprès de la personne désignée, afin d'en finir avec ces rapports.

Il reparut au bout d'une heure, accompagné d'une dame qui n'avait de ressemblance avec la duchesse que les cheveux; elle avait été reçue, jadis, à la cour de Charles X; mais elle protesta de son abstention en affaires politiques, ajoutant qu'elle avait voulu venir elle-même pour en témoigner devant moi.

Je lui répondis, aussi courtoisement que possible, que je regrettais fort qu'elle se fût dérangée qu'en envoyant mon secrétaire auprès d'elle, ma conviction était formée d'avance. Elle se retira satisfaite de ces explications.

Depuis, je n'entendis plus parler de duchesse ni de prétendants.

# CHAPITRE XI

La Pologne et l'Italie. — Trahison de 1830. — Le 10 mai. — M. Wolowski. — Pétition polonaise. — M. Daragon et M. Lamartine. — Ajournement des interpellations sur les affaires étrangères. — Racca. — Cendres et ossements. — Les boulets du despotisme. — Les prôneurs de la paix. — Les volontaires italiens. — M. Lamartine donne 2,000 fr. — Les *barricadeurs*. — Pétition des démocrates français. — Le 13 mai. — Vive la Pologne! — Le représentant Vavin. — La place de la Madeleine. — Encore le rappel! — La 1re légion. — Ordre du jour du 13 mai. — Ajournement de la fête de la Concorde. — Protestation des délégués du Luxembourg et des détenus politiques. — Le droit au travail. — Promesses menteuses. — Les meurt-de-faim. — Blessures saignantes. — Un million perdu. — Le 14 mai. — Les délégués des départements. — Le nouveau ministre Recurt. — La commission exécutive. — Le ministre Flocon pris au collet. — Les représentations gratuites. — Fraternisons! — Préparatifs du 15 mai. — Journée de concorde. — Les clubs mécontents. — Lettre du citoyen Huber. — Sagesse et prudence. — Les chefs du parti populaire. — La bonne aventure.

On disait dans le public que le Gouvernement ne voulait point intervenir dans les affaires de la Pologne et de l'Italie, et qu'on laisserait massacrer les patriotes polonais et italiens, comme on l'avait fait en 1830. Ces versions, jointes à la canonnade de Rouen, irritaient la population contre le Pouvoir.

Le 10 mai, le représentant Wolowski déposa à l'Assemblée nationale une pétition des comités de Posnanie, de Cracovie et de Gallicie, pour solliciter la protection de la République française.

Cette pétition se terminait ainsi :

« Peuple français ! pendant dix-sept ans, les vaines protestations à notre égard te saisissaient d'une noble et sainte indignation. Aujourd'hui que Dieu t'a rendu ton indépendance, tu ne laisseras pas lâchement assassiner tes frères de la Pologne, tes anciens compagnons de gloire, fidèles à ta cause au milieu de tes victoires comme dans ton infortune.

« Français ! c'est au nom de nos églises profanées et pillées, de nos femmes et de nos enfants égorgés, de nos villes et villages réduits en cendres ; c'est au nom de la plus sainte cause, et dans le moment pour nous le plus décisif, que nous vous demandons appui. Nous vous envoyons nos frères d'infortune, non pas pour qu'ils implorent votre pitié, mais afin qu'ils vous demandent franchement secours contre la barbarie; qu'ils vous appellent à remplir la sainte mission que Dieu a confiée à votre nation, et que la France ne démentira pas à l'égard de sa sœur expirante sous le poignard de l'assassin.

« 3 mai 1848.

« Joseph Wysocki.
« Tyszkiewicz.
« Berwinski. »

Le citoyen Wołowski, à la fin de son discours, réclama l'intervention directe de la France, et invita le Gouvernement à faire appel à la nation allemande, à la diète de Francfort, pour sauver la Pologne.

Cette motion généreuse fut vivement applaudie, et la majorité en fixa la discussion au lundi suivant, 15 mai.

A la même séance, le citoyen Daragon priait l'Assemblée de lui accorder un jour pour interpeller le Gouvernement sur la partie du discours de M. Lamartine, relative aux affaires d'Italie. Ces interpellations furent également ajournées au 15 mai.

En cette circonstance, M. Lamartine se prononça de nouveau contre toute intervention immédiate :

« Nous avons promulgué plusieurs fois déjà, dit-il, et nous avons défini le genre de concours que la nation française prêterait aux nationalités délivrées de l'Italie ; le texte de nos paroles sera aussi le texte de nos actes ; le drapeau français ne s'avancera qu'à son heure dans les limites que votre sagesse et votre patriotisme universel aura écrites de votre propre main. *Mais, sachez-le bien, ce qui s'est passé en 1831 ne se renouvellera pas en 1848, et quand le drapeau français se sera avancé jusqu'où notre politique lui aura dit de se porter, sachez qu'il ne reculera jamais.* »

Ainsi donc, l'heure n'avait point encore sonné, et nulle intervention n'a prêté secours, soit aux peuples du Nord, soit à ceux du Midi. En devenant homme d'État, devient-on donc aveugle, lâche, et traître à tout sentiment généreux ? L'histoire aura-t-elle encore à enregistrer une défection, et les peuples, un jour, ne nous crieront-ils point : *Racca!* en nous couvrant des cendres de leurs villes et des ossements des cadavres amoncelés par les boulets du despotisme ?

C'est nous qui avons pris l'initiative révolutionnaire ; c'était par notre concours que devaient s'universaliser les principes démocratiques. Un million de citoyens armés se seraient levés comme un seul homme pour affranchir les peuples. Que de sang épargné !

Prôneurs de la paix, vous l'eussiez obtenue plus sûrement par une attitude énergique, qu'en vous abandonnant sur une pente fatale à l'honneur du nom français !

Cependant la pensée d'intervenir en faveur des Polonais et des Italiens germait dans le Peuple. Plusieurs patriotes français offrirent leur assistance aux comités étrangers siégeant à Paris. Le citoyen Debray vint me trouver, et me fit part de son intention d'aller à Milan soutenir la révolte contre les Autrichiens, avec cent vingt hommes qui mouraient de faim sur le pavé de Paris, et qu'il avait organisés en compagnie de volontaires. Je cherchai à le prémunir contre des piéges ; il me répondit qu'il était en mesure, et qu'il partait avec des patriotes du pays.

Je lui donnai alors une lettre dans laquelle je le recommandais à M. Lamartine pour les secours de route nécessaires.

« Ayez bien soin, surtout, en présentant ma lettre à M. Lamartine, lui dis-je, *d'insister sur la part active que vous avez prise dans les journées de Février, vous et les vôtres ; le titre de combattant des barricades vous fera immédiatement obtenir des subsides pour quitter la capitale.* »

En effet, le lendemain, il revint avec deux mille francs que lui avait remis M. Lamartine. J'étais chargé de surveiller l'emploi de cette somme, destinée aux dépenses de première nécessité. Il ajouta que la qualité de *barricadeurs*, attribuée à son monde, avait produit le meilleur effet, et qu'il allait tout disposer pour se mettre en route.

D'un autre côté, les membres de plusieurs clubs imaginèrent de sanctionner la pétition polonaise par une pétition de démocrates, qui serait apportée à l'Assemblée nationale.

Le samedi, 13 mai, vers dix heures, les pétitionnaires se rassemblèrent donc sur la place de la Bastille. On y remarquait les députations des Polonais, les délégués des travailleurs du Luxembourg, des délégués des clubs, des élèves de l'école Polytechnique et de la marine, grand nombre d'officiers de la garde nationale et de gardes nationaux en costume, mais sans armes. La colonne, composée de cinq à six mille citoyens, se mit bientôt en marche le long des boulevards, dans un ordre admirable, en criant : Vive la Pologne! et arriva ainsi au pont de la Concorde. J'y avais fait placer deux commissaires de police, qui introduisirent dix délégués dans le palais de l'Assemblée nationale, où ils furent reçus par le représentant Vavin.

Le citoyen Buchet (de Cublize), président de la délégation, adressa un discours énergique au citoyen Vavin, chargé de faire le dépôt des pétitions sur le bureau de l'Assemblée.

Le citoyen Vavin répondit qu'il appuyerait de toutes ses forces parmi ses collègues l'idée de rétablir la Pologne au rang des États européens, cette nation ayant toujours possédé toutes ses sympathies.

A la place de la Madeleine, du haut d'un balcon, le citoyen Buchet vint rendre compte au Peuple de ce qui s'était passé. Les acclamations qui l'accueillirent se renouvelèrent lorsque M. Vavin, accompagné d'un autre représentant, répéta devant tout le monde la promesse faite aux délégués.

L'Assemblée n'en passa pas moins à l'ordre du jour sur la pétition relative aux Polonais.

Malgré le calme de cette manifestation sympathique, on entendit pourtant le rappel dans les 1er et 2e arrondissements, et quelques gardes nationaux intervinrent en armes, et menacèrent les ouvriers. Peu s'en fallut qu'il ne s'engageât une collision déplorable, car, pour exciter la 1re légion, les réactionnaires racontaient qu'on avait désarmé des postes, qu'on se battait sur la place de la Révolution, et que les représentants étaient menacés.

La journée se passa sans autre désordre, mais en rumeurs diverses. Des groupes nombreux, répandus dans les Tuileries, autour de l'Assemblée nationale et le long des boulevards, discutaient sur un ordre du jour ainsi conçu :

ORDRE DU JOUR DU 13 MAI 1848.

« Gardes nationales du département de la Seine,

« Le général commandant supérieur s'empresse d'informer les gardes nationales du département de la Seine que l'Assemblée nationale a décidé que la seconde grande fête de la République, qui devait avoir lieu demain, 14, serait ajournée au dimanche 21 de ce mois.

*« Le Représentant du peuple, général commandant supérieur,*

« Signé Courtais. »

Cet ajournement était surtout attribué à la résolution prise par les délégués du Luxembourg et par les détenus politiques, auxquels on avait désigné des places dans le programme de la cérémonie. Les uns et les autres venaient de refuser de s'associer à cette fête, au milieu des circonstances critiques qui menaçaient déjà la patrie.

Les délégués du Luxembourg motivaient leur abstention sur le mépris de l'Assemblée nationale pour cette première promesse du Gouvernement provisoire :

« Le Gouvernement de la République française s'engage à garantir l'existence de l'ouvrier par le travail.

« Il s'engage à garantir du travail à tous les citoyens.

« Il reconnaît que les ouvriers doivent s'associer entre eux pour jouir du bénéfice légitime de leur travail.

« Le Gouvernement provisoire rend aux ouvriers, auxquels il appartient, le million qui va échoir de la liste civile.

> « GARNIER-PAGÈS, *maire de Paris*, L. BLANC, *l'un des secrétaires du Gouvernement provisoire.* »

Le manifeste des travailleurs, imprimé dans tous les journaux populaires, finissait ainsi :

« Les promesses faites sur les barricades n'étant pas accomplies, et l'*Assemblée nationale* ayant refusé, dans sa séance du 10 mai, de constituer un *ministère du travail et du progrès*, les ouvriers délégués au Luxembourg se refusent à assister à la fête dite de la Concorde.

> « LAGARDE, *président* ; BESNARD, *vice-président* ; GODIER, *id.* ; LAVOIR, *id.* ; LEFAURE, *secrétaire* ; DELIT, *id.* ; PETIT,

« Paris, le 11 mai 1848. »

La déclaration publiée par les détenus politiques n'était pas moins significative :

« Une fête a été décrétée pour le 14 mai.

«Les détenus politiques sont conviés à cette fête.

« Mais,

« Attendu que le Peuple meurt de faim ;

« Attendu que les blessures de nos frères saignent encore ;

« Attendu que la présence des détenus politiques à la fête du 14 pourrait être considérée comme une adhésion à tout ce qui s'est fait *politiquement* et *socialement* depuis le 24 février ;

«L'assemblée des détenus politiques, convoquée extraordinairement,

« Considérant que des républicains ne peuvent se livrer à la joie lorsqu'ils portent le deuil dans leur cœur ;

« Décide, à l'unanimité, qu'elle s'abstiendra d'assister à la fête du 14 mai.

« *Les membres de la Commission :*
« Caunes, Geoffroy, Kersausic, Pellevillain, Rosières, Flotte, Huber, Biette, Dugrospré.

« *Membres supplémentaires :*
« Cainse, Raymond. »

Enfin, l'ajournement de la fête était commenté de mille façons et vivement critiqué.

Le fait est qu'une des causes principales du retard, c'est que les préparatifs n'étaient point terminés. Trois jours auparavant, je me trouvais au ministère de l'intérieur, lorsque les citoyens Courtais et Higonnet vinrent annoncer à M. Ledru-Rollin que rien ne serait prêt pour la date indiquée, et lui présenter le devis approximatif des dépenses. Le ministre se récria sur l'énormité des frais, alléguant le devoir de ménager les fonds de l'Etat. Il ajoutait que cette fête était un embarras véritable; mais qu'on ne pouvait plus la supprimer, attendu le grand nombre de citoyens qui arrivaient déjà de toutes les provinces pour y assister. Faute d'activité et de prévoyance, le temps avait manqué. Il fallut bien céder à la nécessité, et la fête fut remise au 21. Néanmoins la peur y entra pour quelque chose.

S'il a été dépensé, comme on le dit, près d'un million, pour cette fête, qui n'engendra que division au lieu de concorde, on aurait mieux fait d'en réduire la somptuosité ornementale, et d'acquitter la dette du Gouvernement provisoire envers les ouvriers.

Le dimanche, 14, les délégués des départements se réunirent au palais National, et se concertèrent sur la conduite qu'ils devaient tenir par suite de ce renvoi au 21 mai.

Ils nommèrent des commissaires chargés de demander explication au ministre de l'intérieur. Ceux-ci, après avoir fait antichambre pendant trois heures, commençaient à manifester leur impatience, lorsque le nouveau ministre, M. Recurt, se montra, et leur dit qu'il ne pouvait prendre sur lui de fixer la fête au mardi, 16, ainsi qu'ils le désiraient, mais qu'il allait en référer à la Commission exécutive, et qu'il leur rendrait réponse sur la place Vendôme.

Ils attendirent là encore vainement plusieurs heures; et, ne recevant aucune réponse, ils envoyèrent une seconde commission dans la cour du ministère de la justice, pour y délibérer. Le citoyen Flocon, qui descendait au même instant, essaya de calmer l'irritation que tous ces délais avaient produite; il n'y réussit point, et fut même saisi au collet par plusieurs d'entre eux.

Alors arriva le citoyen Recurt, qui offrit aux délégués, comme dédommagement, quatre représentations gratuites dans divers théâtres de Paris. La plaisanterie étant très-mal reçue, le citoyen Recurt ajouta qu'il y aurait une revue le mardi suivant; que les délégués y seraient appelés pour fraterniser, et qu'on distribuerait des drapeaux.

Dans la soirée du même jour, se prépara pour le lendemain une nouvelle manifestation en faveur de la Pologne. La plupart des délégués de la province se promirent de s'y rendre.

Ces incertitudes et ces retards irritèrent les masses et soulevèrent les plus étranges conjectures. Si la fête avait été donnée le 14, il est probable que nous n'eussions pas eu la journée du 15. La population entière, réunie au champ de Mars, aurait défilé aux cris de : *Vive la Pologne!* ainsi qu'on en était convenu entre grand nombre de citoyens. Une manifestation si unanime, en indiquant à l'Assemblée le sentiment populaire, l'aurait obligée à faire droit aux pétitions précédentes et aurait prévenu ainsi toute démonstration ultérieure.

Cette fête alors aurait été une journée de concorde. Elle eût rallié tous les citoyens dans une pensée commune et empêché pour longtemps des tentatives périlleuses.

Il ne dépend pas des gouvernements de comprimer les élans généreux des peuples. La France avait pris fait et cause pour la Pologne et devait avoir satisfaction.

Quelques clubs mécontents résolurent donc de se mêler à la manifestation projetée pour le lundi, mais avec des intentions toutes pacifiques. Huber, qu'on regarde comme un des principaux auteurs de cette journée, fit insérer dans les journaux la lettre suivante :

« Citoyen rédacteur,

« Un bruit faux, mensonger, n'ayant d'autre principe que la calomnie, d'autre but que de provoquer entre les diverses classes de la société la division et la discorde, s'est répandu hier avec une rapidité effrayante.

« Plusieurs centaines de citoyens s'étant concertés pour se réunir aujourd'hui lundi, dix heures, place de la Bastille, à l'effet de porter à l'Assemblée nationale une pétition en faveur de la malheureuse Pologne, des hommes connus par leurs intentions réactionnaires se sont empressés de semer l'alarme en attribuant faussement aux pétitionnaires des intentions anarchiques ou malveillantes.

« En ma qualité de président du comité centralisateur, connaissant parfaitement les sentiments pacifiques des auteurs de la pétition, je repousse de toute mon énergie les odieuses imputations dont ils sont victimes, et pour rassurer des esprits trompés, je déclare :

« Que la démarche projetée a pour but unique de réclamer pour nos frères les Polonais la restitution de leur patrie et de leur indépendance nationale ;

« Que pour accomplir avec succès ce devoir fraternel envers un peuple opprimé et toujours ami de la France, les pétitionnaires observeront dans leur manifestation le calme et la dignité qui conviennent à des citoyens profondément pénétrés de la connaissance de leurs droits et de la justice de leur cause.

« Recevez, citoyen rédacteur, l'assurance de mes sentiments d'estime et de sympathie.

« A. Huber.

« Paris, le 14 mai 1848. »

Je réunis cependant quelques patriotes dont

## CHAPITRE XI.

j'avais pu, mainte fois, apprécier la sagesse dans des moments difficiles, et notamment la veille. Je les engageai à se mettre à la tête des pétitionnaires pour empêcher tout désordre. Ils me promirent fermement concours et prudence.

Je savais, d'ailleurs, que les chefs les plus sérieux du parti populaire, leurs clubs et leurs journaux, avaient résolu de rester étrangers à une démarche prématurée, la question de la Pologne devant être décidée ce jour-là par les représentants du Peuple.

Qui donc, le 14 au soir, aurait pu prévoir les émotions et les conséquences du 15 mai !

# CHAPITRE XII

Le 15 mai. — Pouvoir dictatorial du président de l'Assemblée. — Lettre de M. Buchez. — Une poignée de factieux. — Une lettre au président, à la Commission exécutive et au général Courtais. — Post-scriptum. — Les Montagnards et la garde républicaine. — Le colonel Cailland à la caserne Saint-Victor. — Luxation au genou. — Réponse à la Commission exécutive. — Point d'ordres. — Mesures tardives du Gouvernement. — Lettre de Garnier-Pagès et Arago au ministre de l'intérieur. — M. Recurt. — La manifestation. — 150,000 hommes. — Cent corporations. — La pétition pour la Pologne. — Envahissement du palais. — Un coup de fusil. — La salle des pas-perdus. — Le général Courtais. — La salle des séances. — M. Wolowski. — Tumulte. — Les tribunes publiques. — Craquement de l'édifice. — Le Peuple maître de l'Assemblée. — Le *Moniteur*. — Fuite des députés. — Nouveau Gouvernement provisoire. — L'Hôtel de ville. — La garde nationale. — Les prisonniers de Vincennes. — Un rôle imprévu.

Le président de l'Assemblée nationale avait été investi d'un pouvoir dictatorial qui l'autorisait à convoquer au besoin toutes les forces de Paris et de la province pour la défense de l'Assemblée.

Depuis son investiture, il en agissait ainsi et avait

fait choix de commissaires à sa convenance ; je devais me conformer à ses ordres. La responsabilité pesait donc tout entière sur lui pour la sécurité de l'Assemblée.

Le 14 mai au soir, j'avais reçu de M. Buchez une lettre dont voici un extrait :

« On se prépare à reprendre demain ce qui a été en partie manqué hier. La préoccupation de tous ces désordres est de nature à déranger les importants travaux de l'Assemblée nationale. Une poignée de factieux, de fous et d'étourdis, attente ainsi à la souveraineté même du Peuple.

« Je vous prie de prendre toutes les mesures nécessaires pour que le mouvement avorte, et n'approche pas même du voisinage de l'Assemblée. Agissez habilement et vigoureusement, comme vous l'avez fait hier ; mais que, comme hier, nul attroupement n'arrive seulement à la vue du palais de l'Assemblée.

« Salut et fraternité.

« *Le président de l'Assemblée nationale,*

« Buchez. »

## CHAPITRE XII.

Je tins conseil avec plusieurs employés de la Préfecture : il fut décidé qu'aucun placard ne serait affiché, afin de ne pas compromettre la valeur de ces avis au Peuple, qu'on doit ménager pour les circonstances importantes. Je ne pouvais deviner alors la gravité des événements du lendemain.

Mais, le matin du 15, d'après de nouveaux renseignements, j'écrivis la lettre suivante au président de l'Assemblée nationale, pour l'informer de ce qui se passait. Deux lettres, dans le même sens, furent également adressées, l'une à la Commission exécutive, l'autre au général Courtais :

« Citoyen président,

« Il y a ce matin réunion d'un grand nombre de citoyens, qui se proposent de se porter à la Chambre pour manifester leurs sympathies en faveur de la Pologne, et provoquer une décision de la part de l'Assemblée.

« Cette manifestation sera faite sans armes, et il n'y a de troubles à craindre que de la part de quelques membres du club Blanqui, dont la réunion a lieu en ce moment au boulevard du Temple, et qui seront, dit-on, armés de pistolets, qu'ils tiendront cachés.

« Je prends mes mesures en conséquence, et si je puis me rendre à la Chambre, je vous tiendrai verbalement au courant de tout ce qui se passera.

« Salut et fraternité.

« *Le préfet de police.*

« P. S. *Dix heures un quart.* — J'apprends à l'instant que, nonobstant toutes les prévisions, plusieurs citoyens, dont le nombre peut grossir, se rendent en armes aux divers lieux de réunion ; ceux-ci seront soumis plus spécialement à une surveillance active. »

J'invitai le chef de la police municipale à fournir des gardiens en nombre suffisant aux commissaires de police Bertoglio et Dousseaux, en leur recommandant d'empêcher les masses d'avancer jusqu'au péristyle de l'Assemblée. Une *filature* d'agents inostensibles fut établie depuis le boulevard jusqu'au pont de la Concorde, pour correspondre avec les autres et avertir le président Buchez des mouvements de la colonne.

## CHAPITRE XII.

En même temps, je songeai à rassembler les Montagnards et la garde républicaine.

Les gardes républicains avaient été repoussés du service de l'Assemblée; et, le jour de l'ouverture, ils n'avaient obtenu qu'à grand'peine une place au cortége. De plus, ils s'étaient pénétrés de l'idée qu'on avait le projet de les licencier, attendu que, malgré les démarches de leur colonel et les miennes, ils attendaient vainement depuis un mois la confirmation des nominations d'officiers, acceptées par le ministre de l'intérieur.

Quelques compagnies avaient même dit qu'elles ne marcheraient pas, si elles étaient appelées à un service irrégulier, comme on paraissait vouloir l'exiger d'elles.

J'ordonnai qu'on fît venir cinq cents hommes à la Préfecture, et le reste fut consigné.

Le lieutenant-colonel Caillaud, que j'avais envoyé à la caserne Saint-Victor, pour connaître les dispositions des Montagnards, me transmit cette note :

« Citoyen préfet,

« Comme vous me l'avez ordonné, je suis allé

ce matin à la caserne Saint-Victor pour m'assurer si les Montagnards étaient dans l'intention de se joindre à la manifestation en faveur de la Pologne. J'en ai trouvé un grand nombre dans la cour, occupés à faire l'exercice ; ils m'ont dit que telles étaient leurs intentions.

« Je leur annonçai que vous étiez instruit que des gens malintentionnés se trouveraient à cette réunion pour y répandre des idées autres que celles dont ils étaient animés ; qu'en conséquence, vous les engagiez à venir à la Préfecture pour y rendre des services, dans le cas où il y aurait tumulte.

« Il a été décidé que vingt d'entre eux seulement se mêleraient à la manifestation, sans marques distinctives, afin d'arrêter les perturbateurs qui, en leur nom, tenteraient de troubler l'ordre.

« 15 mai 1848.

« *Le lieutenant-colonel*,

« CAILLAUD. »

Ils arrivèrent, en effet, une heure après, au nombre de trois cent cinquante, à la Préfecture. Sur les onze heures du matin, je me levai avec la

## CHAPITRE XII.

volonté d'aller à l'Assemblée : il me fut même impossible de descendre l'escalier. J'avais un épanchement de la synovie et ne sentais plus fonctionner ma jambe droite.

Vers midi seulement, je fus appelé à la Commission exécutive ; mais mon indisposition me força de répondre :

« La luxation qui me retient au lit depuis trois jours ne me permet pas de me rendre près de vous ; si cependant vous jugiez ma présence indispensable, j'attends vos ordres, et je me ferai transporter au petit Luxembourg pour assister à vos délibérations. »

J'attendis des ordres ; on ne m'en envoya point. Seulement, sur les deux heures, le citoyen Panisse, chef de la division de la police générale au ministère de l'intérieur, m'apporta un ordre de la Commission exécutive, adressé au ministre de l'intérieur, pour opérer des arrestations.

Le mandat était ainsi conçu :

« Citoyen ministre,

« La Commission du pouvoir exécutif vous invite à prendre sur-le-champ les mesures suivantes :

« Faire offrir aux ouvriers des ateliers nationaux, âgés de 18 à 25 ans et non mariés, un engagement dans l'armée, et renvoyer tous ceux qui refuseraient de s'engager ;

« Prescrire aux maires des arrondissements de Paris la plus grande sévérité dans l'accomplissement des formalités exigées pour l'inscription sur les contrôles des ateliers nationaux ;

« Faire arrêter sur-le-champ les individus les plus notoirement compromis dans les complots organisés pour renverser l'Assemblée nationale et le Gouvernement.

« Salut et fraternité.

« Garnier Pagès,   F. Arago.

« Paris, 15 mai 1848. »

C'est alors que j'envoyai mon secrétaire général pour avoir des prescriptions plus explicites. Le ministre Recurt était en train de dicter un nouvel ordre, lorsque ses bureaux furent envahis, et il fit lacérer la pièce commencée. Dans le cours de la journée, divers rapports m'étaient parvenus successivement. La manifestation, forte d'environ cent cinquante mille citoyens, arrivée au pont de la Concorde, en avait forcé le passage, gardé par un détachement de garde nationale. L'enthousiasme que cette immense colonne avait rencontré le long de sa route, l'ardeur du soleil, l'absence de nourriture depuis huit heures du matin, l'électricité qui circule dans les foules, les cris patriotiques, tout cela avait augmenté l'excitation générale, lorsque, vers deux heures, les premiers groupes se présentèrent aux portes du palais de l'Assemblée.

Il n'y avait, d'ailleurs, aucun projet bien arrêté. On comptait près de cent corporations différentes, avec leurs bannières particulières et leurs chefs, qui tous avaient la prétention de conduire leur monde et de faire à leur guise, selon les chances du moment ; mais, au fond, ils voulaient surtout donner une impulsion démocratique à la Chambre, qui avait déjà trahi ses tendances réactionnaires.

Une centaine d'hommes, au plus, entra d'abord dans la cour pour présenter la pétition ; mais les nombreuses corporations agglomérées à l'autre extrémité de la colonne essayaient aussi d'arriver à la

Chambre, ou du moins de s'en rapprocher. C'est ce qui occasionna cette presse compacte qui, de minute en minute, se refoulait aux abords de la porte principale.

Le seul moyen d'arrêter cette mer vivante eût été d'interdire d'abord le passage du pont par une force convenable; alors les environs du palais eussent été dégagés.

Les quelques gardes postés à l'entrée tinrent le plus possible; mais les flots devinrent si formidables que la grille fut forcée, et l'inondation s'étendit jusque dans la cour intérieure.

Une autre circonstance fit entrer au moins cinq cents hommes d'un seul flot.

Un des soldats de garde dans la cour ayant, par mégarde, laissé tomber son fusil, le coup partit inopinément. Grande rumeur, nouvelle effervescence, et le cri : on assassine nos frères! qui de cohorte en cohorte circula jusqu'à la place de la Concorde.

Toute la foule se précipita alors vers la porte du palais, et plusieurs furent littéralement étouffés.

On apprit bientôt que le coup de fusil était un coup de hasard; mais le Peuple disait : La troupe a donc ses armes chargées?

La salle des pas-perdus était occupée par des notabilités de tous les partis qui formaient comme une petite Chambre à part, où des orateurs agitaient la foule. Le général Courtais y fut arrêté pendant quelque temps, et vivement provoqué à expliquer ses intentions. Il finit par dire, à haute voix, que si, comme général, on lui ordonnait de faire battre le rappel pour tirer sur des citoyens inoffensifs et sans armes, il donnerait sa démission.

Après son départ, on fit entrer par la porte du côté du quai une compagnie de cent hommes chargés de faire évacuer la salle des pas-perdus; mais ils furent bientôt forcés de se retirer.

Les mêmes scènes se renouvelaient tout autour de la salle des séances, dont l'intérieur offrit le plus dramatique spectacle.

Pendant le discours de M. Woloswki, on entendit d'abord des cris confus qui se rapprochaient, et le coup de fusil qui fit croire à un commencement de combat. Bientôt le tumulte extérieur domina la voix des représentants, et les portes des tribunes publiques furent enfoncées et envahies; des hommes en blouse, agitant des drapeaux, criaient vive la Pologne! Plusieurs se laissèrent glisser des tribunes sur les banquettes des représentants. De toutes parts, le Peuple pénétrait par toutes les entrées avec une grande violence. Les tribunes encombrées s'affaissaient sous ce poids. Un réservoir d'eau fut crevé et inonda un des corridors. On entendait craquer l'édifice et il s'en fallut de peu qu'il ne s'écroulât.

Les grandes portes de l'hémicycle donnèrent enfin passage à la foule et à ses chefs.

Alors le Peuple fut maître de l'Assemblée. Après la lecture de la pétition et les épisodes que chacun connaît et qui sont consignés au *Moniteur*, on tenta de vains efforts pour faire évacuer la salle. Toutes les issues étaient pleines de citoyens qui voulaient entrer à leur tour. On disait en même temps que la bataille était engagée sur les quais, et que dans quelques minutes, il y aurait un massacre général.

C'est alors qu'Huber proclama la dissolution de l'Assemblée.

Les députés s'esquivèrent de divers côtés, les uns vers la présidence, les autres au milieu des gardes nationaux, déjà rassemblés au dehors.

Et sur le bureau, sur la tribune, sur les banquettes, dans les salles environnantes, partout, les membres des clubs écrivaient des listes d'un nouveau gouvernement provisoire.

Plusieurs groupes se dirigèrent sur l'Hôtel de ville. Successivement, la foule s'écoulait hors du palais; et il ne restait que quelques centaines de plébéiens dans la salle, lorsque les gardes nationaux y entrèrent au pas de charge, et réinstallèrent une partie des députés.

Nous n'avons point à raconter cette journée ni ses tristes conséquences, qui tournèrent contre la République. Les prisonniers de Vincennes sont là pour expliquer leurs actes et leurs intentions. Peut-être, comme l'a dit l'un d'eux, quelques personnages qui ne sont point à Vincennes joueront-ils dans le procès un rôle imprévu.

# CHAPITRE XIII

Envahissement de la Préfecture. — Des armes! — Jugement sur le 15 mai. — Le chef de la police municipale. — L'Assemblée et l'ancien régime. — Calme des Montagnards. — La Commission exécutive. — Le Luxembourg. — La contre-révolution. — Nous irons vous chercher. — Le capitaine Bertrand. — Le colonel Mercier. — La troupe de ligne. — Les clubs et le Gouvernement. — Les monarchies et les soldats. — Arrestation du colonel Saisset. — Métier de sergent de ville. — Le traquenard. — M. Garnier-Pagès. — M. Ledru-Rollin. — Justes plaintes du préfet de police. — Offre de démission. — Opinion de Flocon sur la Commission exécutive. — Déclaration de Garnier-Pagès. — Allez, mon bon. — MM. Charras et Bastide. — Licenciement de la garde républicaine, des Lyonnais et des Montagnards.

Vers cinq heures, pendant qu'une partie des républicains allait à l'Hôtel de ville, près de deux cents personnes entrèrent dans la Préfecture, en déclarant que le pouvoir et l'Assemblée venaient d'être dissous. Ils demandaient des armes.

Il y eut un moment de confusion inexprimable. Chacun semblait avoir perdu la tête. Quelques-uns des arrivants pénétrèrent jusqu'à mon cabinet et m'annoncèrent la nomination d'un nouveau gouvernement :

« Vous en faites partie, ajoutait-on, venez vous montrer au Peuple !

— Je suis ici comme préfet de police, leur répondis-je ; lorsque je recevrai des ordres d'un pouvoir constitué, je verrai ce que j'aurai à faire ; pour l'instant, retirez-vous. »

Je cherchai à descendre dans la cour pour rétablir l'ordre. J'avais pris mon écharpe et mon sabre, et faisais eu ce moment un triste soldat. Sur l'escalier encombré de gens demandant des armes, l'un d'eux montra la porte d'une salle qui servait d'arsenal, et s'écria :

« Il y a des fusils ici !

— Si vous redites un mot, je vous passe mon sabre au travers du corps, lui fis-je. »

Il se tut, et, à l'aide de la garde républicaine, la Préfecture étant évacuée, je donnai l'ordre que, sous aucun prétexte, personne ne fût admis s'il n'appartenait à la maison.

Par ce moyen, je préservai la Préfecture, qui resta sur le pied de guerre, toute la nuit. Les pompiers et les gardiens de Paris avaient été armés. Nous évitâmes ainsi tout envahissement.

## CHAPITRE XIII.

J'étais désolé qu'on eût violé l'Assemblée nationale, et j'en témoignai tout haut mon mécontentement. Une personne, qui resta pendant tout ce temps dans mon cabinet, m'entendit dire :

« La sottise faite aujourd'hui sera peut-être la mort de la République. »

M. Élouin, chef de police municipale, me dit, en présence de personnes qui s'en souviennent :

« Votre conduite a été ferme et sage. »

Si je reproduis ces paroles, c'est que M. Élouin a déposé ensuite qu'il n'avait pu juger de mes impressions dans ce moment difficile. J'avais commis la faute de le conserver en place; il devait tôt ou tard m'en infliger la punition. Ce n'est point pour flatter l'opinion que j'écris ce livre, mais bien pour énoncer ma pensée entière. En révolution, il n'y a que les nullités absolues qui n'ont pas d'ennemis.

Je voulais, par une lutte constante en faveur des principes démocratiques, amener les nations européennes à suivre notre exemple et à se constituer en République. Or, pour obtenir ce résultat, il fallait conduire avec ordre et sagesse la question des affaires. La démonstration du 15, en apportant des désordres avec elle, semblait donner gain de cause à nos ennemis, qui dirent ensuite : vous voyez les résultats du droit souverain dans les mains du Peuple. Aujourd'hui il crée une assemblée par son suffrage; le lendemain, il la brise !

De là, des calomnies sans fin et des tentatives plus effrontées pour retourner à l'ancien régime.

Pour ma part, j'étais outré et humilié, tout à la fois, du rôle presque passif que j'avais été contraint de jouer dans cette affaire; de fausses mesures ayant été prises en dehors de moi, et mon indisposition m'ayant confiné à la Préfecture.

Un amour-propre fatal inspirait le désir du commandement absolu à ceux qui étaient investis de quelque autorité. Je portais ombrage à certains hommes et comptais pour peu dans leurs décisions.

J'avais renvoyé une partie des Montagnards à leur caserne. Bien qu'ils eussent eu la fibre du mouvement surexcitée à un haut degré, ils s'étaient tenus tranquilles, et se contentèrent de crier : Vive la République démocratique! lorsque la garde nationale défila devant eux. Ils furent, du reste, parfaitement calmes et inoffensifs.

Dans la soirée, le capitaine Bertrand m'apporta la lettre suivante :

« La commission du pouvoir exécutif invite le citoyen Caussidiere à se rendre immédiatement au petit Luxembourg.

« Onze heures cinquante minutes du soir.

« Le secrétaire de la commission du pouvoir exécutif,

« Pagnerre. »

Le colonel de la garde républicaine avait reçu la même invitation.

Le capitaine Bertrand, auquel je démontrai que j'étais dans l'impossibilité physique de me déplacer, me répondit qu'il y avait urgence.

Je dus alors obtempérer à ce qui me semblait un ordre péremptoire, quoique déguisé.

Pendant ce temps-là, le bruit se répandit, parmi la garde républicaine, que l'on venait pour m'arrêter. Divers fonctionnaires avaient été conduits à Vincennes, disait-on, et plusieurs régiments occupaient les derrières du Luxembourg. La contre-révolution était faite.

J'eus à calmer mes hommes, et je leur dis que, quelles que fussent les intentions de la Commission, il était de mon devoir, malgré mon état de souffrance, d'obéir au Gouvernement.

— Je n'ai rien à craindre, ajoutai-je, et je serai bientôt de retour. »

Ils ne parurent qu'à demi-convaincus, et déclarèrent que, si dans une heure je n'étais pas revenu, ils iraient eux-mêmes savoir de mes nouvelles!...

Je partis en voiture avec le colonel Mercier, et suivi d'une escorte de quelques gardes à cheval.

Chemin faisant, Mercier remarqua combien je souffrais et me proposa de se rendre seul au Luxembourg; je refusai son offre et nous arrivâmes dans la cour, qui était occupée par la garde nationale et la troupe de ligne.

Ces troupes de ligne demeuraient dans Paris, malgré la promesse formelle du Gouvernement provisoire de les éloigner après la revue du 20 avril. On les avait cependant gardées deux ou trois jours, sous prétexte qu'elles devaient fraterniser avec la garde nationale; puis, elles avaient été définitivement conservées, sur l'insistance particulière de MM. Lamartine, Garnier-Pagès et Arago.

Aussi les clubs accusaient-ils le Gouvernement de violer toutes ses promesses, et de songer, comme les monarchies, à faire massacrer le peuple par les soldats.

Les salles du Luxembourg étaient encombrées

## CHAPITRE XIII.

d'un nombreux état-major, et des élèves de l'école Polytechnique faisaient aussi partie de cet appareil militaire.

A peine fûmes-nous entrés dans la salle voisine de celle où siégeait le Conseil, que nous vîmes arrêter le colonel Saisset, qu'on avait mandé, comme nous, pour paraître devant la Commission exécutive.

Un capitaine d'état-major, auquel on avait dit d'aller chercher le colonel pour *affaires de service*, voyant à quelle mission on l'avait employé, entra en fureur; il lança son chapeau par terre, et tira son sabre pour le briser.

« Où est le misérable, criait-il, qui m'a fait faire le sergent de ville, pour arrêter mon colonel? »

Il fut entouré, et l'on eut beaucoup de peine à calmer sa colère, en lui assurant que l'arrestation n'aurait pas de suites!...

Mercier me dit alors :

« Serions-nous tombés dans un traquenard?

— Je ne le pense pas, lui répondis-je; peut-être avait-on contre Saisset des motifs qui n'existent pas contre nous. »

Je fus alors appelé à entrer au Conseil, où se

trouvaient alors quelques ministres et plusieurs sous-secrétaires d'État.

Le citoyen Garnier-Pagès prit la parole et me dit que les membres de l'Assemblée nationale, offensés dans la dignité de leurs fonctions, en attribuaient la responsabilité au commandant de la garde nationale et au préfet de police, dont ils demandaient la destitution.

Je dus faire alors énergiquement l'énumération des services que je croyais avoir rendus à la République, depuis près de trois mois ; passant presque toutes les nuits au travail, et ne cessant de donner des avis, soit sur l'intérieur de Paris, soit sur les départements.

«—J'en appelle, dis-je, au citoyen Ledru-Rollin ; l'avez-vous donc révoqué aussi, lui, que je ne l'aperçois pas? »

Il se montra en ce moment ; il s'était tenu jusque-là dans une encoignure, le dos tourné ; ce qui l'avait rendu invisible pour moi.

J'entrai dans les détails de la fausse position à laquelle on m'avait réduit en m'éloignant des affaires.

Je me plaignis des luttes que j'avais eues à soutenir contre les envahissements de l'Hôtel de ville ;

de l'indifférence qu'on affectait pour le corps des Montagnards et pour la garde républicaine, qu'on avait écartée des cérémonies publiques, et notamment du programme de la fête du 14 mai ; enfin, du refus de sanctionner les nominations d'officiers dans le *Moniteur*.

Dans l'état où étaient les esprits n'eût-il pas été imprudent de ma part d'envoyer ces troupes pour empêcher les manifestations de parvenir jusqu'à l'Assemblée, à moins que je me fusse mis à leur tête, ce qui m'était physiquement impossible. N'avais-je pas aussi dû croire que le pouvoir et le président avaient pris des mesures extraordinaires.

Je terminai en ajoutant que j'étais prêt à résigner mes fonctions, et ne désirais que la paix nécessaire pour m'occuper de mes affaires personnelles, que j'avais toujours trop négligées jusqu'à ce jour.

M. Garnier-Pagès prétendit que si je résignais mes fonctions, j'étais appelé à rendre encore des services à la République, et qu'une mission de haute importance me serait confiée. Je répliquai que, si je me retirais, je ne demanderais point d'emploi public, ce qui n'empêcherait pas mon dévouement à la cause populaire.

Ces messieurs m'invitèrent alors à passer dans la salle voisine, pour y attendre le résultat de leur délibération.

Comme je sortais, Flocon me tendit la main ; je la repoussai en lui disant :

— Je ne touche point la main qui me frappe.

— Vous avez tort, me répondit-il, je n'ai cessé de leur dire ce que vous venez d'exprimer ; ce sont des...

Je n'entendis pas le reste, et lui touchai la main.

Au bout d'un instant, je fus rappelé. M. Garnier-Pagès me déclara que la Commission exécutive me conservait dans mes fonctions de préfet de police.

« J'accepte, répondis-je, mais à condition qu'on s'occupera des Montagnards, puisqu'on a promis des emplois ou du travail à ceux qu'on ne maintiendrait point en service régulier ; à condition aussi que, dans le *Moniteur* de demain, seront insérées les nominations de la garde républicaine ; avec cela, j'aurai des moyens d'action, qui tourneront au profit de la République. »

La Commission exécutive me le promit solennellement. Je dis alors :

## CHAPITRE XIII.

« Voilà bien des fois que je réitère cette assurance à la garde républicaine ; veuillez donc, afin qu'elle y croie aujourd'hui, confirmer votre promesse devant son colonel qui est ici présent. »

Mercier fut introduit ; la promesse d'insertion au *Moniteur* fut encore renouvelée ; il fut également convenu qu'on aviserait, pour les Montagnards, à leur faire une position.

Je quittai le Luxembourg en disant à M. Garnier-Pagès que je craignais que mon absence prolongée ne causât quelques troubles à la Préfecture.

« Allez, mon bon, répondit-il, et faites pour le mieux. »

Je reçus aussi les félicitations de MM. Charras et Bastide ; ils étaient heureux de serrer la main d'un bon républicain.

En général, le Conseil me parut animé des meilleures intentions, et je crus encore une fois à la réalisation de ses promesses.

Mais, le lendemain, le *Moniteur* ne contenait point la nomination des officiers de la garde républicaine. Bien au contraire, le décret de la Commission créait une nouvelle garde *parisienne*, de deux mille hommes à pied, et six cents à cheval, et ordonnait le licenciement de l'ancienne garde républicaine, des Montagnards, des Lyonnais et autres corps semblables.

# CHAPITRE XIV

Suite du 15 mai. — Complot d'officiers de la garde nationale. — Fusillons Barbès! — Interpellations à l'Assemblée nationale. — J'offre ma démission. — Profession de foi. — Bavoux et Sobrier. — Siége de la Préfecture. — Deux canons et le général Bedeau. — Mot de M. la Rochejaquelein. — Les affreux Montagnards. — Autographes de Louis-Philippe. — Les paratonnerres. — M. Recurt, partisan du canon. — La Commission exécutive. — M. Lamartine. — M. Garnier-Pagès. — M. Lamartine, étouffé. — La République démocratique. — Vive le préfet! — Fraternité de la garde nationale et de la garde républicaine. — Ma démission de préfet et de représentant du peuple. — Les généraux Clément Thomas et Bedeau. — Clément Thomas à table. — Captivité à Doullens. — Évasion de la citadelle. — Vertus républicaines. — Tristes adieux. — Les journées de Juin. — La caserne Saint-Victor. — Retraite des Montagnards. — Dernière proclamation. — M. Recurt et M. Trouvé-Chauvel. — Ingratitude et trahison. — Vive la liberté!

Le reste de la nuit se passa sans autre incident remarquable que la dénonciation d'un complot formé par quelques officiers des gardes nationale et mobile. Il était question de s'introduire dans la Préfecture, au moyen de quelque tumulte, afin de s'emparer de Barbès, qu'on y croyait réfugié, — et de le fusiller, tout simplement.

La personne qui avait découvert cette trame ajoutait qu'on devait ensuite proclamer la régence. Elle offrait de se constituer prisonnière, jusqu'à ce qu'on se fût assuré de la véracité des faits.

J'envoyai prendre information au local indiqué. Quelques officiers y avaient, en effet, tenu un conciliabule, dans lequel le projet avait été agité, mais ils s'étaient séparés sans avoir rien conclu. Le reste de la nuit, de nombreuses patrouilles parcoururent la ville. Tout fut calme.

Dans la matinée du 16, on vint m'avertir que diverses interpellations venaient d'être produites sur mon compte à l'Assemblée nationale, et qu'on était étonné de mon absence.

Je m'y fis transporter immédiatement, et donnai des explications qui parurent irréfutables.

Je démontrai que l'on cherchait à annihiler le pouvoir de la Préfecture, dont les moyens d'action étaient factices; que j'avais dû penser que le pouvoir, bien et dûment prévenu, s'était mis en mesure.

Je proposai d'ailleurs ma démission, qu'on disait réclamée par certains représentants. De nombreuses dénégations partirent alors de tous côtés.

Je terminai ainsi :

« Puisque je suis à la tribune, permettez-moi de faire ma profession de foi.

« Mes sentiments démocratiques sont connus ; mes passions, mes pensées sont pour le Peuple et pour ceux qui ont souffert pour la grande cause de la liberté.

« On a parlé du personnel, qui aurait pu être modifié. Je ne pouvais, sans ingratitude, me séparer d'hommes fidèles et dévoués. En résumé, voulez-vous décréter qu'il y aura une garde républicaine ? Voulez-vous les acquérir de cœur et d'âme, ou voulez-vous que je licencie deux mille cinq cents hommes dévoués, qui ont rendu et peuvent rendre encore de grands services ? Voilà la question. (Vive agitation et bravos sur plusieurs bancs.)

« Je voulais une police de conciliation ; j'en ai proposé le plan au Gouvernement ; je lui ai proposé ce que je vous soumets à votre tour, à savoir : d'organiser les gardes républicaines.

« Avec deux mille cinq cents hommes sages, bien organisés, ayant un bon esprit, vous arriverez à un plus prompt résultat qu'avec dix mille hommes mal disciplinés.

« Voulez-vous donc m'accorder l'ordonnance de cette troupe qui a fait jusqu'ici un excellent service ? (Mouvements divers.) »

Alors, sur une interpellation du citoyen Bavoux, à l'égard de la maison de la rue de Rivoli, je dus dire que M. de Lamartine avait donné l'ordre, par écrit, de délivrer des armes à Sobrier.

Pendant que cela se passait à l'Assemblée, la Préfecture de police était cernée par une immense quantité de garde nationale et de garde mobile. Deux pièces de canon étaient braquées en face de l'entrée principale. Je montai à la tribune pour en demander explication. Le général Bedeau prétendit qu'on m'avait trompé : il arrivait de la Préfecture, et n'avait point vu de canons.

Au même instant, je fus informé que la commission exécutive m'attendait au petit Luxembourg.

Comme je traversais la salle des pas-perdus, j'aperçus le colonel Mercier, accompagné de quelques gardes républicains, dont plusieurs représentants admiraient la bonne tenue.

Le colonel Mercier se plaignait de ce qu'on venait d'envoyer de la garde nationale contre la garde républicaine, afin de pousser celle-ci à quelque acte fâcheux.

— Ce n'est point à la garde républicaine qu'on en veut, lui aurait répondu M. la Rochejaquelein, c'est à ces affreux Montagnards, avec leurs cravates et leurs ceintures rouges.

Ce qu'il y a d'étonnant dans ce propos de M. la Rochejaquelein, c'est qu'il était peu en rapport avec sa conduite précédente ; on m'avait signalé M. Larochejaquelein comme ayant des rapports avec plusieurs Montagnards. Il les avait visités à la caserne Tournon, et avait remis à l'un d'eux, le nommé Chapuis, des autographes de Louis-Philippe.

Je ne prétends point incriminer M. la Rochejaquelein, le seul des représentants légitimistes qui m'ait témoigné de la sympathie. Peut-être voyait-il les Montagnards pour faire aussi, lui, l'office de paratonnerre.

Je m'approchai des représentants qui entouraient les gardes républicains, et je leur dis :

« Voilà les hommes qu'on calomnie et qu'on accuse de troubler la République ; causez avec eux, et vous les trouverez aussi intelligents que bons patriotes. »

En même temps, Mercier me confirma que la Préfecture était cernée ; que M. Recurt était venu sur les lieux, et avait demandé si l'on avait du canon pour forcer l'entrée. On lui avait répondu que oui.

En effet, deux pièces masquées par une palissade, en avant du quai, faisaient face à la porte.

La garde nationale, qui les aperçut enveloppées d'artilleurs, craignit une méprise; et, se voyant entre deux feux, elle démasqua les batteries, qu'on retira au bout d'un instant.

Mercier ajouta que le général Clément Thomas était venu aussi pour faire relever les postes, mais que la garde avait répondu qu'elle ne les abandonnerait que sur un ordre de ma part. On en était resté là.

Ce rapport me convainquit du mauvais vouloir de la Commission. On voulait exciter la garde républicaine à se mettre dans son tort, et enlever le dernier poste occupé par les démocrates.

Mon parti fut bientôt pris.

Arrivé en présence de la commission, ce fut au tour de M. Lamartine à récriminer.

« Vous m'accusez, me dit-il, moi qui vous ai défendu!

— Je ne vous ai point accusé, répondis-je, j'ai simplement raconté les faits : vous ne voulez rien organiser, et vous me faites assiéger! »

## CHAPITRE XIV.

M. Garnier-Pagès dit alors :

« C'est que, voyez-vous, les Montagnards effrayent ; la Préfecture est suspecte... Vous avez donc donné votre démission à l'Assemblée ?

— Non, point officiellement. Du reste, je me rends à la Préfecture ; mes paquets seront bientôt prêts. Vous recevrez tout à l'heure de mes nouvelles ! »

J'en avais assez de toutes les allures tortueuses employées à mon égard.

Depuis quelques jours, je jugeais la position insoutenable. Le ministre de l'intérieur, M. Recurt, auquel j'avais demandé une audience qu'il m'avait accordée pour le lendemain de sa nomination, ne s'était point trouvé au rendez-vous. La marche réactionnaire que je voyais adopter de jour en jour me contrariait fortement. J'étais trop démocrate pour garder la position comme on l'entendait.

Je me retirais donc avec la ferme volonté d'envoyer au pouvoir ma démission écrite, lorsque M. Lamartine me demanda à m'accompagner dans ma voiture. Chemin faisant :

« Avez-vous bien donné votre démission ? me dit-il.

— Sans doute, répondis-je

— C'est que ces messieurs ne l'ont pas compris ainsi.

— Je sais qu'ils seront heureux de ma retraite. Je vais leur donner cette joie aussitôt que je serai rentré. »

Il me parla alors de nécessités gouvernementales, et de la garde nationale, qui était indisposée contre la garde de la Préfecture.

« On a semé la calomnie, lui répliquai-je. Quoi qu'il en soit, faites retirer les masses, et je réponds que tout se passera avec calme. Il ne sera point dit que celui qui a été préposé pour maintenir l'ordre est devenu une cause de désordre. »

Il me quitta à l'entrée du pont Marie, et fut entouré d'une quantité de gardes nationaux, qui le pressèrent tellement aux cris de vive Lamartine! vive l'Assemblée nationale! qu'il manqua être étouffé, et se retira un instant chez un imprimeur pour reprendre haleine.

Cependant la voiture qui me ramenait à la Préfecture ne pouvait plus avancer au milieu du pont, tant la foule des gardes nationaux était serrée ; je descendis, et leur adressai une allocution, que je terminai au cri de : Vive la République démocratique !

J'ose dire qu'un cri unanime de : Vive le préfet ! y répondit. On me livra passage, et j'entrai avec une centaine de gardes nationaux de tous grades, qui criaient : Vive la République démocratique ! et fraternisèrent bientôt avec la garde républicaine.

Au dehors, il en était de même : quelques officiers parcouraient les rangs de la garde nationale, également au cri de : Vive la République démocratique ! Ainsi, le bon esprit de tous faisait justice de cette intempestive levée de boucliers.

J'envoyai immédiatement ma démission écrite au Pouvoir exécutif, en même temps que j'adressai au président de l'Assemblée nationale ma démission de représentant. Grand nombre de citoyens me blâmèrent d'avoir abdiqué ce dernier titre ; ils ne comprenaient pas que l'un avait été la conséquence de l'autre.

Dès l'instant où je semblais démériter comme préfet, il fallait, en quelque sorte, restituer un mandat qui avait été la récompense de mes actes. Cette manière de voir pouvait paraître une niaiserie politique ; je la crus rationnelle avec des principes qui ne me permettaient pas d'entrer dans la voie de la concession.

Le bruit se répandit, dans la cour, que je venais

d'envoyer ma démission. Les gardes nationaux et gardes républicains qui s'y trouvaient demandèrent à me parler, pour me dissuader d'abandonner mon poste. Je réussis à leur faire comprendre que j'avais dû en agir ainsi, leur recommandant l'esprit de fraternité envers tous, et l'obéissance aux ordres de mon futur successeur.

Quant aux Montagnards, ajoutai-je, mes efforts ont été vains pour assurer leur sort; toutes mes sympathies sont pour eux; car ils ont été malheureux et calomniés.

Je reçus alors des témoignages d'affection qui me dédommagèrent de l'ingratitude de tant d'autres!...

Dans la soirée, les généraux Clément Thomas et Bedeau vinrent me voir pour conférer des mesures à prendre. Ils voulaient que la garde républicaine évacuât la Préfecture sur-le-champ; tels étaient les ordres que la commission leur avait donnés.

J'objectai qu'il y aurait quelque chose d'humiliant, pour de braves citoyens, à être ainsi expulsés la nuit; c'était leur donner une apparence de culpabilité que leur conduite n'avait nullement autorisée.

« On envoie quarante mille hommes, ajoutai-je,

assiéger quatre cents hommes auxquels il suffit d'un ordre pour rentrer paisiblement dans leurs casernes. C'est à n'y plus rien comprendre.

« Vous avez pu voir qu'ils ont fraternisé toute la soirée avec la garde nationale; demain matin, vous les ferez relever, et tout sera dit.

Le lieutenant-colonel et le commandant Morisset confirmèrent mon dire, et les deux généraux acceptèrent une transaction qui sauvegardait l'honneur de ma troupe.

Un poste de cent gardes nationaux fut donc ajouté au service. Quelques milliers de gardes mobiles stationnèrent à distance de la Préfecture, et MM. Thomas et Bedeau bivouaquèrent avec eux toute la nuit.

J'étais à dîner, lorsque le général Clément Thomas revint me dire qu'il n'avait trouvé personne à la commission pour y faire part des résolutions prises en commun, mais qu'il pensait qu'elles seraient approuvées.

Il était exténué de fatigue et de besoin, et partagea notre repas. Je lui rappelai alors nos années de captivité à Doullens, et notre évasion commune de cette citadelle.

« N'est-il pas étrange, disais-je, que de deux

républicains qui ont mangé assez longtemps ensemble les pois chiches de la détention et partagé les mêmes dangers, l'un vienne assiéger l'autre !

— Sous un drapeau semblable, pour lequel nous mourrions tous deux, ajouta-t-il, il ne peut y avoir un ennemi : c'est une méprise.

— Elle eût pu coûter cher, répondis-je, si nos camarades eussent été moins dévoués et moins sages. »

Il se retira alors, et rejoignit le général Bedeau.

Je descendis, et rassemblai la garnison *assiégée* ; la veille, elle était de douze à quinze cents hommes, mais elle avait été réduite, le 16 au matin, à quatre cents hommes à pied et 60 à cheval.

Tous avaient l'air triste et silencieux, mais calme et résigné.

« Continuez, leur dis-je, à montrer que vous êtes dévoués au bien public et à l'ordre de la cité, et vos ennemis seront forcés de reconnaître la supériorité de vos sentiments.

« Demain matin, vous quitterez ce poste, que vous serez appelés à garder plus tard. Au nom de la République et des vertus qu'elle exige de ses véritables enfants, faisons-lui le sacrifice de notre amour-propre ; un jour viendra où les démocrates seront mieux appréciés. »

Leur promesse solennelle de se conduire en bons citoyens, et un cri unanime de : Vive la République démocratique ! terminèrent cette soirée ; ils furent prendre quelque repos, et je fus en faire autant.

J'étais horriblement fatigué ; au milieu de ces préoccupations successives, je m'étais traîné tant bien que mal sur ma jambe malade, mais je sentis alors que je serais bientôt condamné à l'inaction absolue.

Le lendemain, dès cinq heures du matin, toute la garde était rassemblée dans la cour, l'arme au bras et prête à défiler. Je voulus les voir encore une fois réunis.

L'adieu fut triste ; je ne puis rendre l'impression que j'éprouvai à mesure qu'ils passaient devant moi : il semblait qu'une partie de moi-même s'en allait avec eux.

J'eus un serrement de cœur inexprimable ; des larmes roulaient malgré moi dans mes yeux ; ce n'étaient point des soldats qui me quittaient ; c'étaient des frères, des amis avec lesquels j'avais traversé des phases pénibles.

Ce fut un rude moment !

Je ne devais plus revoir bon nombre d'entre eux qui furent tués aux journées de Juin !

Malgré les promesses solennelles de la Commission exécutive, et l'assurance réitérée du général Bedeau, que les grades seraient conservés aux officiers, plus des trois quarts reçurent leur destitution peu de jours après.

Il restait une autre corvée de ce genre à faire.

Il fallait inviter les Montagnards licenciés, à abandonner la caserne Saint-Victor, où ils étaient casernés et à se retirer — *où ils pourraient !*

La plupart étaient pères de famille et avaient perdu leur état. Le Pouvoir exécutif sachant leur position malheureuse, avait accordé qu'ils toucheraient encore leur solde pendant dix jours.

De ce côté-là, la République ne se ruinait pas.

J'envoyai Crevat auprès d'eux. Cet ami joignait l'esprit d'ordre à la fermeté du caractère : son patriotisme éprouvé l'avait fait accepter avec plaisir par les Montagnards. Aussi, depuis qu'ils s'étaient épurés, en renvoyant quatre-vingts des leurs, avaient-ils repris la discipline d'un corps armé et une conduite irréprochable.

Lorsque mon émissaire arriva près de la caserne Saint-Victor, elle était cernée par la garde nationale,

## CHAPITRE XIV.

qui voulait expulser de force les Montagnards, mais toutefois sans oser pénétrer dans l'intérieur.

Crevat revint, avec un officier de garde nationale, m'informer de ce qui se passait. J'invitai cet officier à faire retirer la garde nationale et à laisser sortir librement les Montagnards. Presque tous avaient leurs fusils depuis le 24 février, et voulaient les garder, sauf à les déposer dans leurs mairies, s'ils en recevaient l'ordre.

Il fut convenu que les Montagnards sortiraient six par six, avec leurs armes, et sans qu'on les inquiétât.

Sur mon ordre écrit, les Montagnards s'exécutèrent comme il avait été dit ; seulement, au lieu de leur assurer une retraite paisible, la garde nationale, qui stationnait dans les rues adjacentes, arracha les armes à plusieurs d'entre eux; ils furent vexés et maltraités, quelques-uns même arrêtés.

Ainsi a été dissoute cette garde de *féroces* Montagnards qui, pendant près de trois mois, ne frappèrent ni ne tuèrent personne, et firent un rude service contre les voleurs et les fauteurs de désordre.

Leur seul tort fut d'avoir introduit au bout d'un certain temps, parmi cette troupe d'élite, des hommes tarés, de toutes les polices; c'est alors qu'on leur souffla de mauvais desseins et l'esprit de turbulence.

Personne cependant n'a eu à s'en plaindre, que moi. Ils s'amendèrent; je leur avais pardonné de bon cœur !

Je n'avais plus, enfin, qu'à mettre en ordre mes affaires, en attendant mon successeur. J'invitai le comptable, ainsi que le caissier, à mettre leurs comptes en règle.

Il me parut convenable, dans les circonstances exceptionnelles où je me trouvais, d'indiquer aux habitants de la capitale les motifs de ma retraite.

Je fis donc afficher l'adresse suivante :

RÉPUBLIQUE FRANÇAISE.

*Liberté, Égalité, Fraternité.*

## PRÉFECTURE DE POLICE.

« Habitants de Paris,

« Je viens d'accomplir un devoir, car c'en est un pour un homme d'honneur de ne pas endurer un soupçon.

« J'ai donné ma double démission de préfet de police et de représentant du peuple : le Gouvernement avise à mon remplacement, comme préfet ; les électeurs jugeront leur mandataire.

« En attendant un successeur, je continue de veiller à tous les services qui dépendent de la Préfecture, comme je l'ai fait depuis deux mois et demi ; et je vous réponds de la tranquillité de la capitale, que j'ai eu le bonheur de rétablir, grâce à votre concours.

« Qu'il me soit permis, en déposant un si rude fardeau supporté avec courage et dévouement, de vous rappeler quelle était la situation de la capitale au 25 février. Vous savez ce qu'elle est aujourd'hui ; la population de Paris m'avait su gré de mes efforts et de leurs succès. Elle me l'a témoigné à plusieurs reprises, et notamment par les suffrages dont elle m'a honoré dans les élections. Je l'en remercie profondément, et je la prie de croire que je n'en ai pas démérité.

« Hier, dans le sein de l'Assemblée, je n'ai pu faire que des réponses incomplètes à de vagues insinuations. Je m'expliquerai ultérieurement, s'il en est besoin.

« Aujourd'hui, je ne veux pas me séparer de mes

fonctions sans vous adresser mes vœux ardents pour l'affermissement de vos libertés, et de l'ordre qui les protége, et sans vous rassurer, avant tout, sur le maintien sévère de la surveillance que mon administration continuera d'exercer, jusqu'à mon remplacement, sur tous vos intérêts.

« Une bonne police est le ressort le plus efficace de la prospérité publique, car elle rend le mouvement à la consommation; elle rend la confiance aux capitaux, et par conséquent elle assure, plus puissamment que toute autre combinaison, du travail au peuple, à ce peuple parisien, dont le bien-être était, je l'avoue, et sera toujours ma première préoccupation, pour lui-même, pour vous tous, et pour la République.

« Paris, le 17 mai 1848.

« *Le préfet de police*, CAUSSIDIERE. »


Vers les deux heures de l'après-midi, arriva le ministre de l'intérieur, M. Recurt, accompagné de M. Trouvé-Chauvel, qu'il me présenta comme mon successeur. Je reçus poliment ces messieurs et

## CHAPITRE XIV.

leur offris tous les renseignements qu'ils pourraient désirer.

Après avoir recommandé divers employés au nouveau préfet de police, je le priai, vu la douleur que j'éprouvais, et les divers comptes qui me restaient à régler, de me permettre de coucher cette nuit à la Préfecture. Il y consentit, ajoutant que si je n'avais point d'appartement disposé, je pouvais garder celui que j'occupais.

Je ne comprends pas pourquoi, plus tard, il voulut nier ce fait de simple convenance. Peut-être, quelque honnête employé, pour se mettre bien en cour, m'aura-t-il calomnié auprès de lui. Mais ces faits sont secondaires ; et chacun sait que l'ingratitude et la trahison germent vite en Préfecture de police.

Néanmoins, je reçus plusieurs employés qui vinrent me témoigner leurs sympathies.

La liberté m'était rendue. J'étais heureux de me retrouver simple citoyen, après avoir rendu quelques services à la révolution.

# CHAPITRE XV

Budget de la Préfecture pour 1848. — Les fonds secrets. — Dépenses pendant mon administration. — Le livre rouge. — Lettre de M. Lamartine. — Les divers services de la Préfecture. — Le conseil de salubrité. — Édilité publique. — Devoirs du préfe de police. — L'affaire Fieschi. — Lettre de Boireau. — Les solliciteurs. — Les sauveurs de la patrie. — Les prisons. — Le régime cellulaire. — Tourments du prisonnier. — Noble Barbès! — Ministère de la police. — La provocation et la prévoyance. — M. Decazes. — M. Guizot. — Les mouchards politiques. — Les conspirations. — Sans regret et sans reproche. — La République démocratique et sociale.

Lorsque j'étais entré à la Préfecture, le 24 février, j'avais trouvé l'état du budget présenté par M. Delessert le 25 juin 1847, pour couvrir les frais de l'année 1848, porté au chiffre de 10,954,730 francs 67 centimes. Les propositions de mon prédécesseur l'avaient amené à 11,139,538 francs 61 centimes.

M. Coré, le caissier, avait alors 200,000 francs disponibles pour les besoins de l'administration.

D'autre part, il lui restait environ 1,000 francs sur les fonds secrets du mois de février.

Malgré les dépenses imprévues que nécessita le nouvel ordre de choses, il ne fut fait aucune demande de crédit extraordinaire. La Préfecture vécut donc, pendant près de trois mois, avec les fonds votés par le Gouvernement et la ville de Paris. Et cependant, comme je l'ai déjà dit, on eut de la peine à obtenir, dans les premiers temps, les sommes allouées aux dépenses de l'administration.

M. Dubois, le comptable, qui me tenait toujours au courant des sommes entrées et sorties pour les dépenses municipales, me dit, un jour, qu'il était étonné qu'on eût pu suffire à tant de besoins, sans avoir fait de demandes supplémentaires.

Il est vrai que j'apportais une vérification, peut-être minutieuse, à l'emploi des deniers publics.

Avant de quitter la Préfecture je réglai les comptes de chacun, et pus m'assurer que le budget administratif était à son niveau.

D'autre part, une somme de 270,000 francs, par an, était allouée au préfet, comme fonds secrets; soit, 22,500 francs par mois.

Ces fonds, confiés au pouvoir discrétionnaire du préfet, qui n'en doit compte qu'au ministre de l'intérieur, payent les agents secrets et les choses d'urgence qui commandent la discrétion.

## CHAPITRE XV.

C'est ce qui constitue le *Livre rouge*. Sur ce livre sont quelquefois des chiffres correspondants aux personnes qu'on emploie ; mais rarement les noms propres s'y trouvent. Il est composé de bons à signer qu'on remet au caissier, au fur et à mesure du payement.

Il va sans dire que, lorsque M. Delessert quitta la Préfecture, je n'y trouvai point son registre.

C'est par d'autres moyens que j'ai pu connaître les misérables qui, sous les apparences du patriotisme, espionnaient notre parti avant le 24 février.

Il ne restait, des 22,500 francs du mois de février, qu'une somme de 1,000 francs environ, que je fis distribuer aux combattants blessés.

| | | |
|---|---|---|
| Au mois de mars le caissier ne toucha que. . . . . . . . | 20,604 fr. | 70 c. |
| Au mois d'avril. . . . . . | 22,500 | |
| Au mois de mai. . . . . . | 22,500 | |
| Total de la recette. . . . | 65,604 f. | 70 c. |
| Le compte de dépense de fonds secrets s'éleva, pendant quatre-vingt-cinq jours, à. . | 27,430 fr. | 08 c. |
| Il restait donc, en excédant de recette, le 17 mai. . . . | 38,174 | 62 |

Je renvoyai à M. Lamartine 1,940 francs sur les 2,000 qu'il avait remis au citoyen Debray, pour le départ en Italie, Debray n'ayant pas réalisé ce voyage. Je joins ici la réponse de M. Lamartine, parce que je la crois honorable pour lui et pour moi.

Citoyen,

« Je vous accuse réception de 1,940 francs que vous me renvoyez, non employés en secours de route aux Italiens rentrant dans leur patrie.

« Je les remets à M. Bastide, actuellement ministre, qui en fera l'usage déterminé.

« J'aurai un grand plaisir à vous revoir après cet orage, qui vous emporte contre mon gré, et je ne doute pas que votre caractère et vos talents ne vous rappellent au service de la République. Elle vous doit beaucoup selon moi. Je serai toujours votre témoin, comme je l'ai été hier, et votre ami, si vous voulez.

« LAMARTINE. »

Un dernier mot sur la Préfecture.

Différents projets de simplification dans les

rouages administratifs m'avaient été soumis; le temps m'a manqué pour les mettre à exécution.

En général, les bureaux de la Préfecture, vu l'état actuel des choses, sont bien organisés; mais bon nombre d'actes subissent encore des lenteurs interminables. Certains actes reviennent trop souvent à la signature du préfet.

Aussi, étais-je obligé tous les jours de donner des signatures pendant trois ou quatre heures, ce qui me dévorait un temps précieux.

Les archives et les dossiers judiciaires sont tenus dans un ordre merveilleux. La police municipale est bien faite; cependant la voirie a besoin d'une attention spéciale et continuelle. Les marchés, la boulangerie et tout ce qui concerne les subsistances, doivent être l'objet d'une sollicitude constante.

Le frelatage des vins, du lait et autres denrées se fait trop facilement : de bons inspecteurs sont indispensables.

La présidence du conseil de salubrité, qui est dévolue au préfet de police, doit être prise par lui en haute considération. J'ai vivement regretté que des affaires pressantes m'aient empêché d'assister plus souvent au conseil de salubrité.

J'y avais fait reconnaître l'excellence d'un sable

de rivière pour le pavage des rues de Paris. On se plaint avec raison de la boue noire qui, à la moindre pluie, rend les rues malpropres. Cela provient de ce que les entrepreneurs fournissent un sable vaseux, qui remonte à la surface en temps de pluie et se transforme en boue. L'échantillon de ce sable, reconnu supérieur, fut porté à la ville. Je n'en entendis plus parler. Si j'insiste sur ce point, c'est que je crois qu'il serait facile de remédier à la malpropreté de la ville.

Je me proposais aussi de faire mettre à exécution un moyen de désinfection réel, pour supprimer ces abominables odeurs nocturnes qui infectent la ville.

Le grand problème dans les projets d'améliorations, c'est d'éviter l'augmentation des dépenses; il est fort difficile de faire adopter par le conseil une mesure qui tendrait à grever le budget.

Les projets ne manquent point. Chaque jour on vient vous en proposer, qui malheureusement ne se prêtent guère à l'application.

Il faut qu'un préfet de police donne souvent des audiences. En voyant beaucoup de monde, il se tient au courant de l'opinion publique, et apprend la vérité beaucoup mieux que par son entourage; il acquiert ainsi un esprit d'observation, qui l'aide

## CHAPITRE XV.

à démêler la véracité des faits et leur importance.

Il doit, s'il n'en a pas le loisir, faire suivre avec attention, par un secrétaire intelligent, les nombreux rapports qu'on lui adresse de tous côtés. La masse de ces rapports est presque toujours insignifiante; mais, si l'on en néglige un seul, il peut arriver qu'il se trouve être le plus utile à connaître. Voici un fait à l'appui de mon dire :

En 1835, lors de l'attentat Fieschi, une lettre de mauvaise apparence fut jetée comme indigne d'être vue par le préfet. Cette lettre était de Boireau, complice de Fieschi. Il indiquait les personnes, les moyens dont on devait se servir, et la maison où était apposée la machine. La lettre arriva la veille de l'attentat. Il est évident que si elle eût été examinée, on aurait pris des mesures immédiates pour le prévenir.

Ce fut bien plus tard qu'on retrouva cette dénonciation, lorsque Boireau, emprisonné, en fit la déclaration verbale : ce qui lui valut sa grâce auprès de Louis-Philippe.

Un pareil fait, sans parler de bien d'autres, prouve la nécessité d'une vérification scrupuleuse de tous les rapports.

Le préfet de police doit être avare de son temps,

et ne pas se laisser encombrer par les solliciteurs. Il ne faut point les entretenir de vaines promesses. A la vérité, ils ne sont pas toujours aussi nombreux qu'après une révolution.

Après le 24 février, il en surgit une armée. Que de gens qui s'étaient battus et avaient sauvé la patrie ! Ceux qui avaient le moins de droits étaient d'habitude les plus acharnés, et me volaient des heures précieuses.

Quant aux prisons, il faut stimuler le zèle des inspecteurs. Au lieu de prendre à la lettre les rapports qu'on leur adresse, ils doivent pénétrer dans le vif des choses, examiner les aliments, combattre l'humidité, et surtout organiser le travail. On peut fort bien éviter la baisse du prix des produits qui sortent des prisons, et qui causent une concurrence fatale à l'ouvrier libre ; mais il est indispensable qu'un travail régulier chasse l'oisiveté si pernicieuse aux détenus.

Je fus visiter les jeunes condamnés de la Roquette, pendant la suspension de travail ordonnée par le Gouvernement provisoire, sur les réclamations de différents corps d'état.

Ces enfants, qui sont condamnés au régime cellulaire le plus absolu, avaient tous l'air morne et triste.

Le directeur m'expliqua que la suspension des travaux les rendait ainsi.

Lorsqu'ils s'occupent, dit-il, ils ont plus d'animation, et sont assez gais. S'ils devaient rester quelques mois de plus sans travail, ils tomberaient tous malades; plusieurs d'entre eux le sont déjà depuis quelques jours.

En effet, la pire souffrance en prison, c'est l'inactivité.

Je me rappelle combien le temps me semblait long pendant que j'étais au cachot, où je ne pouvais me livrer à aucun travail. Les privations physiques n'étaient rien auprès de l'atonie morale dans laquelle se plongeait mon cerveau par suite de cette inaction forcée.

On a des moments de dégoût de la vie qui sont insupportables.

Je pense à toi, noble Barbès, dont le cœur s'est conservé pur et valeureux, après dix années de détention !

Victime de tes sympathies populaires, tes amis n'oublieront jamais ton caractère chevaleresque.

Le Peuple n'oubliera pas non plus celui qui a tant souffert pour sa cause.

La Préfecture de police devrait être constituée en ministère de la police. Il serait sage d'en agir ainsi. Les renseignements auraient plus de précision, et l'on éviterait les tiraillements causés par la divergence de plusieurs polices, qui se heurtent sans cesse et sont impuissantes à parer le mal.

Une bonne police est le meilleur instrument de sécurité publique.

Il ne faut point en faire une agence de provocation, mais bien une agence de prévoyance.

La police de provocation est immorale, et condamne à la haine et au mépris des citoyens le gouvernement qui l'emploie, et tous ceux qui en font partie. Le ministère Decases est resté taché de sa police de provocation.

La police du ministère Guizot a eu aussi son système provocateur : les Delahode, les Considère, les Chenu, et autres de ce genre, organisaient des complots, sous les ordres de M. Pinel, soit dans l'armée, ce qui amena la déportation, en Algérie, de plusieurs sous-officiers du 70e de ligne et d'autres régiments, soit aussi dans la classe ouvrière, en la compromettant par des fabrications de poudre et de bombes. Quelquefois, on arrêtait l'agent, pour ne pas *le brûler* vis-à-vis de ses concitoyens; ou bien il se cachait pendant un temps, afin que ces apparences de persécution le rendissent plus dangereux aux imprudents patriotes dont il feignait de partager le sentiment politique.

La police de prévoyance doit s'attacher à prévenir les complots dès leur naissance, soit par des moyens persuasifs, soit par la répression, s'il y a lieu. Elle ne doit point nourrir une affaire pour envelopper un plus grand nombre de conspirateurs ; c'est quelquefois dangereux, et j'en pourrais citer des exemples.

Du reste, l'indiscrétion, qui est le défaut de la nation française, met bien vite à jour toute conspiration de quelque importance.

Ici se terminent les phases de mon administration, que je quittai sans regret comme sans reproche, pour rentrer dans l'armée militante de la République démocratique et sociale.

# CHAPITRE XVI

La maison Sobrier. — *La Commune de Paris*. — Rue Rivoli, 16. L'ancienne liste civile. — Caractère de Sobrier. — Vingt mille francs pour la propagande. — Lettre de M. Lamartine pour délivrer des armes. — Il vaut mieux s'adresser à Dieu qu'à ses saints. — Garde de cinquante hommes pour le ministère de l'intérieur. — Sobrier arme sa maison. — Visite du général Courtais à Sobrier. — Le quartier s'inquiète. — Promesse de désarmement. — La maison de M. Bavoux. — Le feu aux poudres. — Les doctrines et les fusils. — Lettre du commandant Caillaud à Sobrier. — Réponse de Sobrier. — Les réactionnaires et l'Assemblée nationale. — Sobrier s'organise une garde militaire. — Bourgeron bleu, ceinture rouge. — Affiches épicées. — La veille du 15 mai. — Caractère de la manifestation projetée. — Le 15 mai. — Sobrier à l'Assemblée. — Le ministère de l'intérieur. — Trouble de M. Recurt. — Le café du quai d'Orsay. — Arrestation de Sobrier. — La consigne des dragons. — Brûler la cervelle. — Qu'il y reste ! — Repaire de brigands. — Sac de la maison Sobrier. — Vol d'une somme d'argent. — Les vainqueurs en goguette. — Sobrier à Vincennes. — Le procès du 15 mai. — Embarras du Gouvernement. — Générosité de Sobrier.

Un des hommes qui excita le plus de clameurs réactionnaires, fut certainement Sobrier. On se rappelle qu'après être entré avec moi à la Préfecture, le 24 février, il m'avait quitté au bout de trois jours. Ce fut alors qu'il s'occupa de l'organisation du journal *la Commune de Paris*, fondé par Cahaigne dans le commencement de mars.

Il avait loué un appartement rue de Rivoli, n° 16, dépendant des biens de l'ancienne liste civile, et il y établit les bureaux de *la Commune*. Bientôt, il se mit en rapport avec différents clubs de Paris et avec les révolutionnaires de la province.

Une activité infatigable, une ardente passion patriotique, un immense besoin de se mêler aux événements de la révolution, et aussi l'amour de la popularité, m'ont toujours paru les mobiles les plus puissants qui le faisaient agir.

Il se rendait fréquemment dans les ministères, soit pour stimuler la marche révolutionnaire de chacun, soit pour indiquer les moyens qui lui semblaient propres aux triomphes des principes démocratiques.

On a voulu dire, dans le temps, qu'il avait reçu des fonds de la Préfecture pour soutenir son journal. La vérité est qu'il n'a jamais touché un centime des fonds secrets, que je ménageais autant que les sommes allouées à l'administration. Je n'avais

## CHAPITRE XVI.

d'ailleurs conservé avec lui que des relations de bonne camaraderie. Il venait de faire un héritage et il avait destiné une somme de 20,000 francs à la propagande républicaine.

Ce fut avec une partie de cet argent et avec les rentrées que lui procurait la vente de son journal, qu'il put subvenir aux dépenses de sa maison.

Il avait un esprit de prévision très-juste sur les allures des hommes de l'ancien régime; ce qui le poussa sans doute à prendre chez lui les mesures d'armement qui le désignèrent plus tard à la vindicte de ses ennemis. Le désir d'accroître son importance y entra peut-être aussi pour quelque chose.

Quoi qu'il en soit, et malgré les dénégations de M. Lamartine, dont la mémoire a pu faire défaut, il apporta à la Préfecture, vers la fin de mars, une lettre du ministre des affaires étrangères, m'enjoignant de délivrer des armes et des cartouches. Sobrier sachant bien qu'à cette époque, le service de la Préfecture manquait d'armes, dit :

— Vous voyez qu'en s'adressant à Dieu, on obtient plus qu'en s'adressant à ses saints : Je quitte M. Lamartine et il m'a remis cette lettre pour avoir des armes et des munitions.

Il ajouta qu'il voulait armer de braves patriotes

qui feraient des patrouilles autour du ministère des affaires étrangères, déjà menacé, protégeraient la sécurité publique, et le garantiraient lui-même contre des attaques probables.

Sans en appeler aux souvenirs de l'entourage de Sobrier, les témoignages de mon secrétaire et du capitaine d'armement qui ont eu, ainsi que moi, l'ordre en main, ne peuvent laisser aucun doute à ce sujet. Au besoin, la loyauté de Sobrier ne manquerait pas, j'ose le croire, à la vérité.

Je fis la demande d'armes et de munitions, conformément à la lettre; mais j'eus soin toutefois d'en retenir la majeure partie à la Préfecture pour les diverses troupes qu'on y organisait.

Cet ordre ne m'étonna pas dans un moment où tous les pouvoirs étaient contraints de s'entourer d'une force dévouée. Déjà, le ministre de l'intérieur avait pris à la Préfecture une garde de cinquante hommes. Les autres ministères étaient plus ou moins gardés par des citoyens.

Quelque temps après, le général Courtais alla visiter Sobrier pour l'inviter à retirer ses factionnaires qui inquiétaient les gens du quartier. Lorsqu'il voulut sortir, il trouva à la porte un factionnaire inintelligent qui lui barra le passage, objectant qu'on ne sortait point sans laissez-passer.

Cette consigne mal interprétée blessa vivement le général.

Je le vis ensuite à l'Assemblée. Il se plaignit amèrement de l'accueil qu'on lui avait fait et des alarmes que la permanence d'hommes armés chez Sobrier causait autour des Tuileries.

« On assure, me dit-il, que la maison Sobrier est une succursale de la police.

— On se trompe, lui répondis je. Sobrier n'est investi d'aucune mission de ce genre. Des ordres supérieurs et quelques lettres de menaces qu'il a reçues, l'ont seuls autorisé à être ainsi armé en guerre. Au surplus, je l'inviterai à désarmer. »

Dès le lendemain, en effet, j'expédiai le capitaine Louchet pour prévenir qu'on eût à renvoyer les hommes de garde à ce poste. Mais il exécuta mollement sa commission, c'est-à-dire qu'il se contenta d'une simple promesse d'évacuation.

Sur ces entrefaites, M. Bavoux, représentant du peuple, et propriétaire d'une maison contiguë à la maison Sobrier, m'exprima ses craintes sur ce dangereux voisinage : un accident pouvait mettre le feu aux poudres, disait-il, et faire sauter la maison ainsi que celles des environs. Ces motifs étaient péremptoires ; et, bien que je comprisse que cette épouvante provenait plutôt des doctrines que des fusils de Sobrier, j'ordonnai le retrait immédiat du piquet fourni par la Préfecture, et l'enlèvement des armes. Néanmoins, je recommandai à Caillaud d'agir avec convenance.

Il écrivit donc la lettre suivante :

« Mon cher Sobrier,

« Le service de la garde républicaine, devenant de jour en jour plus pénible par la multiplicité des postes et des différents services publics, nous regrettons de nous trouver dans la nécessité de supprimer le piquet de la rue de Rivoli, qui est demeuré jusqu'à ce jour à ta disposition.

« D'un autre côté, étant en pleine organisation, et ayant quelques considérations à observer, c'est ce qui a fait prendre cette décision au préfet.

« J'envoie l'adjudant-major, qui est chargé de faire rentrer les hommes à la caserne.

« Salut et fraternité,

« CAILLAUD. »

## CHAPITRE XVI.

Sobrier répondit :

« Si vous persistez dans la décision que vous avez prise de supprimer mon poste, je m'y soumettrai comme à tout acte de l'autorité. Mais je vous préviens que cette mesure me blesse et m'indigne, parce que, pour moi, c'est une preuve d'une condescendance pour le pouvoir, dont les tendances sont réactionnaires.

« Vous entrez dans une voie dont vous ne voyez pas le terme et les dangers. Les citoyens qui ont jugé comme moi l'état de la situation ne me feront pas défaut, et si je veux une garde de cent hommes je l'aurai. Me supprimerez-vous celle-là?

« L'histoire de ces derniers jours est déjà faite. Il y a peu de temps, vous aviez besoin de moi; nous étions menacés ensemble, vous m'avez envoyé des hommes.

« L'état-major m'a conseillé de renforcer mon poste.

« Vous croyez maintenant qu'il n'y a de danger que pour moi, et vous me désarmez! C'est bien! Je ne pensais pas que toi, Caillaud, tu te serais rendu l'interprète d'un pareil ordre.

« SOBRIER. »

Si j'avais pu penser que Sobrier courût le moindre risque, je ne lui eusse point retiré son poste.

La réaction avait compris qu'elle était allée trop loin les 16 et 18 avril, et qu'une défaite inévitable aurait anéanti son audace à cette époque, si elle eût tenté une démonstration hostile sur la place publique. La majorité qui lui était acquise à l'Assemblée lui donnait, d'ailleurs, tout espoir de ce côté.

Le poste fut retiré ; mais, par une négligence que je ne connus que plus tard, les armes ne furent pas rapportées le lendemain, conformément à mes ordres.

Sobrier se croyant toujours en danger d'être attaqué par les réactionnaires, organisa en garde militaire les employés de son journal, qui prirent, ainsi que lui, le bourgeron bleu et la ceinture rouge, à l'instar des Montagnards de la Préfecture.

Le journal *la Commune* dénonçait les menées royalistes, et le nom de Sobrier se trouvait toujours au bas d'affiches trop épicées pour le palais de bien des gens. Il était donc l'objet de récriminations sans fin de la part des trembleurs. Aussi, se vengèrent-ils plus tard de leurs alarmes.

La veille du 15 mai, Sobrier vint me voir. J'étais au

lit, très-souffrant d'une luxation au genou, et en outre, je puis le dire, livré à de bien tristes pressentiments! Monier et Bobe, tous deux secrétaires à la Préfecture, étaient auprès de moi. Sobrier me reprocha de n'avoir point encore vu que la réaction voulait nous désarmer. Après quelques propos échangés, il me dit qu'il se rendrait à la manifestation du lendemain; que tout s'y passerait avec ordre; que lui et les siens n'avaient que des intentions pacifiques; qu'il s'agissait seulement de prouver à l'Assemblée que le vœu du Peuple était pour l'intervention en faveur de la Pologne.

Je lui fis comprendre, ainsi qu'à d'autres que je reçus dans la soirée, l'immense responsabilité qui pèserait sur les chefs de la démonstration, si quelques désordres imprévus venaient en altérer le caractère.

Il me quitta, en me réitérant des promesses tout à fait rassurantes.

Le lendemain, il fut un de ceux qui pénétrèrent dans la salle et il fut remarqué auprès du président. Ses intentions avaient-elles changé, ou bien se trouvait-il là, poussé par le flot populaire? c'est ce qu'il ne m'appartient point de décider.

On a déposé qu'il s'était rendu au ministère de

l'intérieur avec une quarantaine de citoyens, après la scène de l'Assemblée. Plusieurs d'entre eux arrivèrent presque jusqu'au cabinet de M. Recurt, alors ministre, et annonçant que le Peuple venait de dissoudre l'Assemblée et de changer les membres du Gouvernement, ils s'emparèrent des sceaux, et semblèrent vouloir prendre possession du ministère.

Mon secrétaire général, Monier, par suite de mon indisposition, me remplaçait en ce moment auprès du ministre, qui dictait un ordre d'arrestation contre Blanqui, Lacambre et Flotte. A la nouvelle de l'entrée des envahisseurs, M. Recurt se troubla et fit déchirer l'ordre d'arrestation avant de se retirer. Cependant Sobrier, croyant que tout était terminé, et oubliant ce précepte, qu'en révolution les hommes d'avant-garde ne peuvent s'arrêter qu'à leur mort, était allé se rafraîchir dans un café du quai d'Orsay. Là, il eut l'imprudence de raconter à quelques gardes nationaux l'invasion de l'Assemblée et du ministère. Ceux-ci, qui ne partageaient point ses idées, le conduisirent au poste voisin, où il resta prisonnier.

Un peu plus tard, il fut relégué dans une chambre, et gardé à vue par deux dragons qui avaient l'ordre de lui brûler la cervelle, si on faisait du dehors des tentatives pour le délivrer. C'était le colonel des dragons qui avait donné cette odieuse consigne.

Je n'appris que dans la soirée les détails de cette arrestation, et je répondis :

—Puisqu'il s'est laissé prendre, qu'il y reste... »

Le mot est dur, mais j'étais furieux de tout ce qui arrivait. Les démocrates venaient de prêter le flanc à la répression. Il fallait agir comme magistrat ou se retirer immédiatement.

Le même soir, la maison Sobrier fut désignée à la garde nationale de Montmartre entre autres, comme un *repaire de brigands*. Les gardes nationaux s'y précipitèrent en masse, et firent, selon l'expression de M. Bavoux, le sac de la maison. Toutes les portes furent enfoncées; les tiroirs de bureaux et de commode, forcés; quelques centaines de francs qui s'y trouvaient et plusieurs montres furent volées; la cave et même celles des voisins servirent à abreuver les vainqueurs. Une quarantaine d'hommes inoffensifs, qui n'avaient opposé aucune résistance à cette prise d'assaut, furent conduits d'abord à la Préfecture, et le lendemain au Luxembourg, où on les relâcha sur-le-champ.

Sobrier, renfermé à Vincennes, attend depuis six mois, ainsi que d'autres victimes de cette journée, les résultats d'une procédure assez embarrassante pour le Pouvoir.

Ainsi se termina l'existence du journal *la Commune*, dont les registres et papiers furent saisis. Ainsi fut anéanti le fameux poste qui occupait tant les esprits timorés du quartier.

Les armes et munitions furent également enlevées et mises en lieu de sûreté.

Ceux qui ne connaissent point Sobrier, le regardent comme un homme sanguinaire et dangereux. Il n'en est rien. Sobrier est d'un caractère bon et sympathique, passionné dans ses opinions, et subissant peut-être trop facilement les impressions du moment. Il aime les malheureux; son cœur et sa bourse étaient toujours ouverts à leurs besoins.

# CHAPITRE XVII

La fête de la Concorde. — Après le 15 mai ! — Les fêtes monarchiques.—La joie par ordre. — Le Peuple acteur et spectateur. — Droit au travail. — Chefs-d'œuvre de chaque corps d'état. — Les cornes dorées. — 500 jeunes filles. — Les ouvriers du Luxembourg. — La première révolution. — Ordre et discipline. Cinq heures du matin. — Les couronnes de fleurs. — Commencement du défilé. — Les 86 bannières des départements. — Les jeunes filles lançant des fleurs. — Le banquet au milieu du champ de Mars. — Les billets lilas. — Grande confusion. — Plus d'eau ! — Le Conservatoire et le ministre du commerce.— Les blessés de février et Ledru-Rollin. — Les jeunes filles et Charles Blanc. — La baguette de Moïse. — Le factotum de la chambre. — Fête mal nommée. — Un mois après !

La fameuse fête de la *Concorde*, qui avait éprouvé tant de vicissitudes, arrivait bien, après les scènes du 15 mai !

Remise de jour en jour, comme nous l'avons raconté, elle perdit toute couleur de fusion fraternelle et cet enthousiasme unanime qu'elle aurait pu avoir un peu auparavant.

Depuis quarante ans, toutes les fêtes monarchiques avaient été organisées selon le même programme : des revues, des théâtres en plein air, des mâts de cocagne, des feux d'artifice ; la joie par ordre. Il appartenait à la République de sortir de cette voie rebattue.

C'était, certes, une idée nouvelle que d'essayer une fête entièrement populaire, où le Peuple fût en même temps acteur et spectateur.

La République de Février n'avait-elle pas écrit en tête de son manifeste : *Droit au travail, honneur aux travailleurs !*

La fête du 21 mai devait être la consécration de cette promesse.

En effet, tous les divers corps d'état, sous la direction du citoyen Charles Blanc, prêtèrent avec empressement leur concours gratuit. Chacun d'eux créa un chef-d'œuvre de son art, et l'entoura d'emblèmes allégoriques, d'une rare élégance.

Dans cette grande solennité, tous les hommes utiles, tous les producteurs, jadis dédaignés par le pouvoir et par l'aristocratie bourgeoise, allaient faire eux-mêmes les honneurs de leur fête à la représentation nationale et aux délégués des départements.

Que de plaisanteries n'a-t-on pas lancées sur les

# CHAPITRE XVII.

cornes dorées des bœufs traînant le char de la Liberté !

Que de choses absurdes n'a-t-on pas écrites au sujet des 500 jeunes filles du Peuple, inaugurant le triomphe de la révolution !

Ah ! si à une autre époque, on eût choisi 500 héritières aristocratiques et bourgeoises pour assister à quelques mariages princiers, on aurait trouvé l'invention admirable, et tout le personnel digne et bien choisi. Mais des filles du Peuple pour orner une fête, c'était par trop présomptueux !

Le ministère de l'intérieur ne s'était nullement immiscé dans le choix de ces jeunes filles. Les délégués des ouvriers du Luxembourg ont eu seuls le droit de former la liste. Ainsi tombent naturellement toutes les inductions malveillantes émises à ce sujet.

A toutes les époques, excepté aussi dans la première révolution, il n'y avait de fête possible qu'à l'aide de nombreuses escouades de sergents de ville et de garde municipale ; mais dans cette fête populaire, à laquelle 600 mille personnes ont pris part, le Peuple lui-même, avec les délégués de Juillet et des combattants de Février, suffit à protéger le bon ordre.

200 hommes à larges chapeaux gris, habit et pantalon noirs, portant pour tout signe distinctif un brassard tricolore, ont, depuis la Bastille jusqu'au Champ de Mars, maintenu la discipline au milieu de cet immense cortége.

Le Peuple comprenait que tous ces hommes étaient peuple comme lui, et il leur obéissait.

Le matin, dès cinq heures, à chaque station indiquée, on voyait sur les boulevards les préparatifs de chaque corporation, préludant à l'embellissement de son chef-d'œuvre. Les jeunes filles se réunissaient à la Bourse et au ministère de la marine, pour y recevoir leurs couronnes. La plupart, bien certainement, n'avaient pas dormi; quelques-unes même ne s'étaient pas couchées, tant elles attachaient d'importance à cette cérémonie.

Dès quatre heures, le Champ de Mars était déjà envahi par une foule nombreuse.

Beaucoup cependant doutaient encore que cette fête eût lieu, et la veille, les ouvriers des échaffaudages avaient même refusé de travailler. Aussi, à dix heures, plusieurs trophées étaient encore inachevés. Les gradins et amphithéâtres adossés à l'École militaire étaient loin d'être terminés.

Néanmoins, tous les corps invités et de nombreuses dames arrivaient en foule, munies de billets.

La représentation nationale était à son poste vers dix heures du matin; et immédiatement commença le défilé de chaque industrie accompagnant son chef-d'œuvre.

Les vainqueurs de la Bastille, les décorés de Juillet et les combattants de Février, semblaient venir, leur étendard en tête, offrir à la République le fruit de leurs communs efforts pour la conquête de la liberté.

Les 86 bannières, portant le nom de chaque département, passèrent entourées de leurs délégués respectifs.

Chaque char était suivi de deux ou trois cents jeunes filles chantant des hymnes patriotiques ; et ce fut là, en face de l'estrade où siégeait la représentation nationale, qu'elles donnèrent une marque délicate de leur amour et de leur respect, en lançant spontanément les fleurs qu'elles portaient à la main ; et tous les représentants tinrent à honneur de ramasser un de ces bouquets.

Mais le programme de la fête, tant de fois modifié, se trouva bien insuffisant, lorsqu'il s'agit du banquet fraternel, préparé dans le milieu du Champ de de Mars.

Qu'on se figure une tente contenant une table de 80 à 100 couverts, autour de laquelle devaient s'asseoir alternativement, d'abord huit à neuf cents députés, trois à quatre cents maires ou adjoints des communes environnantes, tout le corps diplomatique, les diverses autorités de Paris et des départements voisins, les dames porteurs de billets lilas, au nombre de douze à quinze cents, enfin, tous les membres du Conservatoire, qui avaient prêté le charme de leur talent à cette cérémonie.

Tels étaient matériellement les préparatifs faits pour cette partie du service.

Aussi jamais confusion ne fut plus grande ; jamais parcimonie plus mal calculée.

A onze heures, les représentants prirent place à table, et comme les ordres les plus formels avaient été donnés pour que nulle autre personne ne fût admise, les dames mêmes furent comprises dans cette consigne.

Mais de toutes parts on fit irruption dans la tente du banquet, si bien qu'un peu après, il ne restait plus ni rafraîchissements ni vivres pour l'immense

## CHAPITRE XVII.

majorité des acteurs de la fête, qui suivaient le cortége depuis dix heures du matin.

L'eau même manquait totalement.

Dans cette extrémité, les dames mourant de faim, les délégués étrangers, tout le monde invoquait les autorités pour obtenir satisfaction.

Le Conservatoire porta plainte au ministre du commerce, le citoyen Flocon, qui fut sur le point de signer gravement un bon pour un tonneau d'eau.

Les blessés de Février s'adressèrent au citoyen Ledru-Rollin, qui, quoique membre du Gouvernement, n'avait aucun pouvoir direct.

Les jeunes filles présentèrent leur requête au directeur des beaux-arts, le citoyen Charles Blanc, qui regretta bien de n'avoir pas la baguette de Moïse pour frapper le rocher. Enfin l'intendant, le factotum de la Chambre, le citoyen Degousée, vint au secours des commissaires, et tout arriva en abondance, quand il n'y eut plus besoin de rien.

Ainsi se termina cette fête qui coûta plus d'un million, et qui mérita si bien son nom de *Fête de la Concorde,* qu'un mois après, le Peuple avait repris les armes pour réclamer les conséquences de Février !

# CHAPITRE XVIII

Nouvelles élections à Paris. — Onze représentants à nommer. — Le 5 juin. — Agitation populaire. — Les clubs en permanence. Les candidats des journaux. — Brochure explicative de ma gestion. — La mairie de l'Hôtel-de-Ville. — Tripotage des élections. — Les gardes mobiles, les ouvriers, les gardes républicains. — M. Trouvé-Chauvel. — Mes professions de foi. — Je visite douze clubs. — Mes émotions et mes sentiments. — Les clubs du palais National et du deuxième arrondissement. — Le club du manége de la Chaussée-d'Antin. — Les tribunes garnies de dames élégantes. — Galanterie de l'Assemblée nationale — Les clubs de femmes. — Initiation des femmes à la démocratie. — La révolution sans coups de fusil. — Le club de la rue Saint-Antoine. — Silence religieux. — Les autres clubs populaires. — Le club du quai Jemmapes. — Larmes de bonheur. — Mes trophées. — Les onze représentants de Paris. — J'ai 147,400 voix. — La Montagne. — Son rôle et son avenir. — Proudhon. — Le sapeur du socialisme. — Pierre Leroux. — Lagrange. — M. Goudchaux. — Le robinet d'eau tiède. — M. Thiers. — Le roi des royalistes. — La régence et la présidence. — M. Victor Hugo. — Mes amis de la Montagne.

Par suite du renvoi du faux ouvrier M. Schmith, de la démission de Béranger et du moine Lacordaire, de la mienne et de l'option des citoyens

Dupont (de l'Eure), Cavaignac, Marrast, Bastide et autres, pour des colléges de département, Paris avait onze nouveaux députés à nommer. Le jour de cette réélection était fixé au 5 juin.

Le même mouvement qui s'était produit aux élections d'avril agitait une seconde fois la capitale. Les clubs étaient en permanence pour entendre la profession de foi de chaque candidat. Des millions de bulletins de listes étaient répandus partout.

Pendant quelques jours, ce furent des allées et venues sans nombre. Les organes de la presse avaient dressé des listes de leurs candidats, et les recommandaient chaleureusement.

Sollicité par de nombreux amis de chercher à reconquérir ma place de représentant à l'Assemblée, je m'étais mis sur les rangs. Je venais de faire paraître une brochure explicative de ma gestion et de la part que j'avais prise aux événements du 15 mai. Cette brochure avait produit un bon effet.

La mairie de l'Hôtel de ville appuyait hardiment ses candidats, et n'omit aucun moyen pour les faire réussir, en même temps qu'elle combattait de toutes ses forces l'élection des candidats qui lui étaient hostiles. Ainsi, d'une part, elle apposait son sceau sur les listes pour influencer les électeurs, et d'un autre côté on avait précipité le vote des gardes mobiles, après leur avoir distribué des listes dans les casernes.

Dans différentes mairies on ajournait les ouvriers qui venaient réclamer leur inscription sur les listes électorales.

Lorsqu'ils présentaient un livret des ateliers nationaux, il ne valait rien; si c'était leur livret de profession, il était trop vieux.

On les renvoyait constamment, pour les lasser et les empêcher ainsi de voter.

Le préfet de police, M. Trouvé-Chauvel, écrivait le 31 mai au maire de Paris, de donner ordre à la garde républicaine de se faire inscrire homme par homme, dans les mairies, attendu qu'elle ne pouvait plus être inscrite collectivement comme la fois précédente.

Il s'étayait de la dissolution de cette garde, qui avait été prorogée au 10 juin.

Cependant j'avais reçu, de différents clubs, des lettres qui m'invitaient à venir exposer ma conduite administrative et mes principes politiques.

Depuis ma sortie de la Préfecture, j'avais été contraint, par suite de la fatigue excessive des derniers jours, à garder le lit; la luxation que je m'étais faite au genou était encore intense; néanmoins, par devoir, je devais obtempérer à la demande de mes concitoyens.

Je ne ferai point la description des douze clubs que je visitai. Je n'avais jamais assisté à ces réunions, où l'esprit des citoyens s'éclaire par la discussion, et dont le résumé général pourrait souvent être utile à un gouvernement.

Une émotion indéfinissable s'emparait de moi chaque fois que je changeais de public; à défaut de talent oratoire, je cherchais mes inspirations dans la vérité des faits et de mes impressions. Si la forme varia quelquefois, le fond resta toujours le même.

Je débutai au club du palais National et à celui de la mairie du deuxième arrondissement. Les explications nettes que je donnai aux électeurs les satisfirent. Une double adoption en fut le résultat.

Au club du manége de la Chaussée-d'Antin, les objections se succédèrent sans relâche et me tinrent pendant près de deux heures à la tribune.

Environ deux mille citoyens y étaient rassemblés. Les tribunes étaient garnies de dames en toilette élégante.

## CHAPITRE XVIII.

L'Assemblée nationale, en refusant aux femmes le droit d'assister aux clubs, s'est montrée peu galante, en même temps quelle n'a point été logique suivant les principes d'une bonne civilisation.

Je ne suis point partisan des clubs de femmes, qui me semblent au moins inutiles; mais ne serait-il pas bien que les femmes vinssent quelquefois s'instruire des choses sérieuses de la vie, dans l'intérêt de la famille, pour qu'au bout d'un certain temps elles fussent ainsi à même d'inculquer à leurs enfants des principes plus en rapport avec la société ?

Cela n'exclurait point l'esprit d'amabilité chez elles. Celles qui sont naturellement gracieuses comprennent trop bien que là est toute leur force, pour s'en dépouiller en faveur du pédantisme.

En général, les citoyens qui se rassemblent pour discuter les intérêts politiques sont convenables dans leurs propos; et je ne sache pas qu'il s'y débite rien qui ressemble aux nudités grivoises, mises en scène chaque jour par différents théâtres.

Combien de maris se plaignent de la futilité d'esprit de leurs femmes, et se prennent à rougir lorsqu'elles veulent traiter des questions graves !

Si le grand sentiment d'harmonie sociale qui est

intimement lié aux actes politiques échappe aux femmes, est-ce leur faute? Non sans doute; car elles sont les victimes d'une éducation éphémère, dont un des inconvénients est l'ignorance que je signale ici.

Que la femme soit initiée à la démocratie, elle apportera bientôt dans la famille la fécondation de son dévouement inépuisable. La révolution des idées se ferait alors sans coups de fusil.

J'avais donc à cœur de combattre victorieusement toutes les attaques dans cette assemblée, dont la nuance d'opinion n'était point en accord exact avec la mienne.

J'en sortis trempé de sueur; mais ma candidature avait été acceptée à la presque unanimité.

C'était un témoignage de gratitude pour les faibles services que j'avais pu rendre. J'y fus très-sensible; car il est bien certain que mes opinions n'y militaient pas autant en ma faveur que dans les clubs populaires où je me présentai ensuite.

Le club de la rue Saint-Antoine était tenu dans une immense salle, remplie de citoyens; là aussi beaucoup de femmes assistaient à la réunion.

J'admirai le silence religieux avec lequel furent écoutés les orateurs qui me précédèrent. En général, les applaudissements n'avaient lieu qu'à la fin des discours.

Les clubs de la Chapelle-Saint-Denis, des Batignolles, de Montmartre et de Saint-Mandé étaient tenus dans le même esprit d'ordre.

Il suffisait d'un mot du président pour rappeler les auditeurs à l'attention. J'étais là au milieu de vrais amis; je ne puis dire combien je fus touché des marques de sympathie que j'y reçus.

Le candidat et les électeurs avaient mêlé leurs cœurs ensemble.

Les clubs de l'École de Médecine, de la salle Saint-Jean et de la rue Bertin-Poirée, composés en général de la partie bourgeoise de la population, m'honorèrent de leurs suffrages unanimes. La révolution m'avait fait là de nouveaux amis; l'administrateur y obtint aussi sa récompense.

Celui du quai Jemmapes avait rassemblé huit à dix mille citoyens, stationnés autant à l'extérieur qu'à l'intérieur.

La tribune dominait l'assemblée. Tous les regards étaient attachés sur moi. Je reconnus bon nombre de Montagnards; ils étaient venus aussi apporter le concours de leur fraternité à leur vieux camarade.

Une émotion si vive me saisit, que j'avais peine à faire entendre mes paroles. Je résumai la triade révolutionnaire qui venait de s'écouler ; j'invitai mes concitoyens à persévérer dans la propagation des principes démocratiques, dont les bienfaits consoleraient le Peuple de ses misères passées.

Un hourra d'applaudissements termina cette séance toute fraternelle.

Je fus longtemps à pouvoir rejoindre la voiture qui m'avait amené. Des larmes de bonheur obscurcissaient ma vue ! Oh ! si jamais l'intérêt du Peuple nécessite le sacrifice de mon existence, je la donnerai de bon cœur, après de semblables journées !

Que l'on me pardonne de m'être étendu sur le souvenir des sympathies générales dont je fus comblé. C'est tout ce qui me reste aujourd'hui de mon passage dans ces temps de crise. Ce sont mes trophées ; en les mettant en relief, il me semble qu'ils seront un véhicule tout puissant pour me faire marcher le reste de ma vie dans la voie de l'harmonie et de la fraternité sociale !

Le 8 juin, le résultat de l'élection des onze représentants nommés à Paris, fut proclamé.

Je sortis de l'urne du scrutin avec 147,400 voix.

## CHAPITRE XVIII.

Puis venaient les citoyens Moreau, Goudchaux, Changarnier, Thiers, Pierre Leroux, Victor Hugo, Louis Bonaparte, Lagrange, Boissel et Proudhon.

Les trois noms qui obtinrent ensuite le plus de voix furent :

Les citoyens Thoré, Kersausie et Raspail. Quatre candidats démocrates socialistes allaient donc exhausser la Montagne.

Cette fraction de l'Assemblée a de l'avenir. Peu habituée aux luttes parlementaires et aux exigences oratoires, elle n'a point encore le succès qui lui est réservé lorsqu'elle aura coordonné son opposition, et qu'elle s'appuiera invinciblement sur les intérêts du Peuple dont elle est le mandataire le plus spécial.

Elle renferme assez d'hommes éminents pour n'avoir point à se préoccuper des ricanements et des diatribes de ses adversaires.

De la ponctualité, de l'ordre dans la discussion, et de fréquentes réunions qui ravivent dans son sein l'esprit démocratique : telles sont les conditions indispensables pour la réussite de son mandat.

De quelle mission plus belle peuvent être honorés des citoyens, que de la mission d'établir l'harmonie sociale par l'égalité et la fraternité ?

Un mot sur quelques-uns des nouveaux représentants orateurs.

Proudhon est un socialiste, très-fort sur le paradoxe. Il s'est attiré l'horreur profonde du propriétaire, qu'il a effrayé par la forme, un peu brutale, de ses propositions.

Doué d'une intelligence vive et d'un talent incontestable, il ne sait point toujours assez se conformer aux nécessités de l'ensemble de son parti ; ou plutôt il veut trop souvent marcher seul. Il a parfois des humeurs chagrines qui le font tirer sur les siens : dans ces moments d'irritation contre les infirmités de l'espèce, il abat les choses et les hommes comme des quilles, sans crier gare.

C'est le sapeur du socialisme.

Moi qui l'aime sincèrement pour ses qualités, j'oserai me permettre de lui dire qu'on ne fait rien, étant isolé. Il faut aider et non frapper ses suivants, si on est le plus fort.

Pierre Leroux, dont le nom, comme publiciste, est plus répandu encore à l'extérieur qu'en France, a peut-être le défaut de faire trop de métaphysique dans ses discours. Faute de précision, il délaye son argument et s'écarte de la question.

## CHAPITRE XVIII.

Les longs discours fatiguent l'auditeur et se popularisent moins que les discours concis.

La pureté de ses intentions et le sentiment qui dicte ses œuvres l'ont rendu cher au Peuple, à juste titre.

Lagrange se trouve à peu près dans les mêmes conditions que Pierre Leroux, par rapport à ses sympathies populaires. Il parle trop souvent de *fraternité* à la tribune, et l'emploi fréquent de ce mot enlève à ses paroles leur crédit auprès de la majorité de l'Assemblée.

M. Goudchaux donna sa démission de ministre des finances, moins de quarante-huit heures après le 24 février, parce que le Gouvernement provisoire voulait le retrait de l'impôt du timbre et la publication libre des journaux sans cautionnement.

Son éloquence calme, le fait ressembler à un robinet d'eau tiède. C'est un des héros de la finance; il reviendra encore aux affaires.

M. Thiers, c'est M. Thiers, ou plutôt c'est le roi des royalistes.

Depuis longtemps il rêve pour son compte la dictature du canon, et ne conspire point pour la régence, comme beaucoup le croient; il la voit trop loin de lui pour s'en occuper sérieusement.

S'il ne l'emporte pas sur Cavaignac pour la présidence, il cherchera à arriver au ministère, ou, au besoin, il en dirigerait les allures, d'une manière occulte, comme il le fait depuis quelque temps par les siens.

Victor Hugo s'est joint aux réactionnaires. Il serait à désirer qu'il creusât à fond le sentiment démocratique; il ne lui serait point impossible de faire un retour honorable à des idées plus larges. Le temps et les choses opéreront-ils cette transformation ?

Ainsi, je rentrai dans l'arène de la discussion politique, bien décidé à joindre mes efforts à ceux de la minorité. Je repris mon ancienne place au milieu de mes amis de la Montagne, pour barrer le passage sur la pente réactionnaire dans laquelle se laissait entraîner la plus grande partie de l'Assemblée.

Tout ce que j'étais destiné à voir devait me faire bien souffrir dans mes opinions.

# CHAPITRE XIX

Louis Bonaparte. — Ambition du prétendant. — Sa correspondance. — L'homme de l'aigle. — Nullité du prince. — Émeute du 12 juin. — M. Carlier, provocateur. — Le général Clément Thomas. — Le coup de pistolet. — Émotion de l'Assemblée nationale. — Proposition de M. Lamartine. — MM. Louis Blanc et Jules Favre.—M. Ledru Rollin.—MM. Pierre et Jérôme. — Admission de M. Louis. — Sa candidature à la présidence. — Luttes personnelles. — Guerre civile. — Les royalistes bonapartistes.— Les royalistes henriquinquistes.— Pas de président! —Les ateliers nationaux. — Quinze millions. — Enlèvement de M. Émile Thomas.— Aveu de M. Trélat.— Lettre de MM. Garnier-Pagès et Arago. — M. Trélat, prisonnier. — Effroi de la bourgeoisie. — Forçats et paresseux. — Protestation des ateliers nationaux. — Défrichement de la Sologne. — Misère du Peuple. — Les clubs du désespoir. — Orateurs en plein vent. — Loi terrible contre les attroupements. —Les coups de filet.—La liberté violée. — Deux représentants arrêtés. — Le soir du 22 juin. — Grande fermentation. — Le ministre de la guerre Cavaignac. — Éloignement des troupes de Paris. — Conspiration militaire. — Préludes des journées de Juin. — Les vaincus ont toujours tort.

La nomination de Louis Bonaparte, comme représentant du Peuple, avait excité la susceptibilité de l'Assemblée, en même temps qu'elle avait attiré l'attention du pouvoir sur les projets ambitieux de ce prétendant; sa correspondance, lue à l'Assemblée, n'était pas franche d'allures; on y voyait clairement qu'il n'acceptait la République que comme contraint par les événements.

L'homme de l'aigle existait toujours.

L'Assemblée nationale aurait dû immédiatement l'admettre dans son sein; la partie intelligente de la nation voyant la nullité du *prince*, ne s'en serait plus inquiétée, tandis que l'espèce de persécution attachée au nom impérial le grandissait auprès des gens superficiels, auxquels il faut absolument un maître pour les flageller.

Le danger était visible, du moment qu'on entrait en lutte avec un prétendant; aussi, les 10 et 13 juin, beaucoup de curieux stationnaient-ils près de l'Assemblée, pour voir arriver Louis Bonaparte.

M. Bonaparte ne parut point.

Néanmoins, les meneurs de son parti avaient organisé partout une active propagande en sa faveur : on parlait de l'oncle mort, de sa gloire militaire, de son génie universel.

Le 12 juin, une espèce d'émeute eut lieu aux alentours de l'Assemblée nationale.

La Commission, prévenue qu'une démonstration devait être tentée en faveur de Louis Bonaparte, avait pris des précautions militaires; M. Carlier parcourait aussi la foule avec ses agents, dont quelques-uns crièrent vive Napoléon!

Ces cris poussés par quelques centaines d'individus, amenèrent un déploiement de forces trop considérable pour la circonstance; le général Clément Thomas, chargé du commandement, repoussa l'attroupement de la place de la Concorde; un coup de pistolet fut tiré sur lui, et atteignit légèrement un garde national à la main.

Quelques personnes ont accusé la Commission exécutive d'avoir elle-même suscité cette démonstration; la présence de M. Carlier et de ses agents leur donnèrent à croire qu'il était là pour attiser l'émeute, afin qu'on pût enlever au vote de l'Assemblée un décret de bannissement.

Les recherches que j'ai faites à cet égard n'ont point tout à fait confirmé les présomptions qui ont été mises en avant.

En admettant la provocation, il est impossible de nier en même temps qu'une certaine agitation n'eût été causée par des meneurs, agissant en prévision de l'avenir.

Pendant que ces mouvements avaient lieu au dehors, l'Assemblée nationale était en proie à l'émotion la plus profonde, émanant de la même cause.

Le citoyen Lamartine, après une chaleureuse improvisation, proposa un projet de décret maintenant l'exécution de la loi de 1832 à l'égard de Louis Bonaparte.

A la lecture de ce décret, l'Assemblée entière se leva comme un seul homme, en agitant les mains, et criant vive la République!

Cet incident rallia pour un instant toutes les opinions.

Dans la séance du lendemain, l'admission de Louis Bonaparte fut réclamée de nouveau, et appuyée notamment par les citoyens Louis Blanc et Jules Favre, avec des motifs différents.

Divers orateurs prirent la parole pour et contre, entre autres, le citoyen Ledru-Rollin; il fit ressortir logiquement les conséquences graves pouvant résulter de l'admission d'un prétendant, et les dangers d'une guerre civile.

Pierre Bonaparte protesta énergiquement de son amour sincère pour la République :

—Démocrate de père en fils, dit-il, je ne servirai jamais sous une forme étrangère à une République démocratique. »

Une véritable sincérité et l'accent du cœur parurent animer cette improvisation, qu'il est bon d'enregistrer.

Jérôme Bonaparte, en bon parent, s'attacha à défendre son cousin, dont l'admission à l'Assemblée nationale fut enfin prononcée, après de longs débats.

Aujourd'hui, la candidature de Louis Bonaparte à la présidence est sérieusement agitée.

Dieu veuille que ces discussions de personnes, où les intérêts du pays ne sont pour rien, ne nous amènent point une guerre civile ! Si par malheur il en était ainsi, il serait du devoir des démocrates de s'abstenir de ces luttes d'individualités ; car ils auraient alors à s'emparer du pouvoir d'une main ferme, pour en finir avec les prétentions ambitieuses, qui cherchent sans cesse à tromper le Peuple trop crédule.

Afin d'écarter ces moyens d'agitation, suscités par les royalistes bonapartistes ou les royalistes henriquinquistes, je répéterai qu'il faut s'abstenir de président, sous peine de voir le pays retomber tôt ou tard dans les errements d'une royauté déguisée.

L'admission de M. Bonaparte ouvrait de nouvelles espérances aux réactionnaires, qui s'attachaient avec acharnement à déconsidérer la Commission exécutive, et l'accusaient de mollesse dans ses actes ; ils lui faisaient surtout un crime de l'existence des ateliers nationaux, qu'on présentait comme une émanation du Luxembourg, et dont on déversait le blâme sur Louis Blanc, quoiqu'il y fût resté absolument étranger.

Le personnel de la direction des ateliers nationaux avait été très-dispendieux, et l'on évaluait les dépenses à quinze millions.

La réaction feignait d'y voir une armée toujours prête à peser sur les décisions de l'Assemblée nationale.

Les journaux annoncèrent, un jour, que le directeur, M. Emile Thomas, avait été enlevé par ordre du Gouvernement, et conduit à Bordeaux pour être embarqué sur un navire de l'État ; on répandit le bruit que des malversations avaient nécessité cet enlèvement, et que la Commission exécutive avait agi ainsi pour éviter le scandale.

D'autres organes de la presse prétendaient, au

contraire, que M. Thomas ayant soutenu le maintien des ateliers nationaux, il avait été enlevé, dans la crainte d'une collision.

Le citoyen Taschereau déclara, d'ailleurs, à la tribune, qu'il y avait un rapport ministériel, de tout point favorable à la gestion du directeur des ateliers nationaux.

On avait donc pris une mesure dictatoriale et intempestive à l'égard d'un fonctionnaire public.

M. Trélat, ministre des travaux publics, fut interpellé; son explication, assez diffuse, consista à prétendre que le citoyen Émile Thomas avait accepté librement la mission d'organiser les travaux dans les Landes, mission qui lui avait été donnée dans son propre intérêt; du reste, M. Trélat était peiné d'avoir à dire que ses ordres avaient toujours rencontré du mauvais vouloir; il terminait ainsi :

« Le citoyen Thomas ne voulait pas prendre la responsabilité de mesures qu'on lui proposait; il menaçait même de publier son opposition. »

Si l'on met en regard de cet aveu du ministre des travaux publics la lettre du 15 mai, adressée à M. Recurt, signée Garnier-Pagès et François Arago, et disant entre autres choses, ceci :

« Faites offrir aux ouvriers des ateliers nationaux, âgés de 18 à 25 ans et non mariés, un engagement dans l'armée, et renvoyez tous ceux qui refuseront de s'engager, »

Ne pourrait-on point en conclure que la commission exécutive aurait proposé à M. Émile Thomas des mesures qui paraissaient brutales et dangereuses dans leur application ?

La commission a pu craindre que l'opposition du citoyen Émile Thomas ne le portât à faire cause commune avec les ouvriers des ateliers nationaux, et qu'il ne devînt leur chef naturel.

Le citoyen Émile Thomas, dans une lettre justificative, parle des services qu'il a rendus au Gouvernement.

En effet, il avait cherché à imposer aux ateliers nationaux les listes électorales de l'Hôtel de ville. Plusieurs brigadiers m'ont affirmé, depuis, qu'on les avait menacés de destitution, s'ils ne tendaient tous leurs efforts à faire adopter dans leurs brigades les listes désignées par la direction.

Un pareil dévouement méritait considération de la part de quelques membres de l'ancien Gouvernement provisoire !...

Quoi qu'il en fût, la disparition subite du directeur causa dans les ateliers une certaine émotion.

## CHAPITRE XIX.

Le ministre des travaux publics se rendit auprès d'eux, et fut pour ainsi dire retenu pendant deux heures. Il attermoya les choses, et ne satisfit personne dans ses conclusions hypocrites.

Les réactionnaires de l'Assemblée nationale avaient cependant toujours l'air de croire que la Commission voulait conserver les ateliers comme une menace, tandis que celle-ci n'était préoccupée que des moyens de dispersion.

La bourgeoisie avait été longuement effrayée de la composition supposée des ateliers nationaux. Ainsi, à entendre certains organes réactionnaires, sur cent vingt mille ouvriers qui en faisaient partie, il y avait un tiers de forçats libérés, un tiers de paresseux et d'incapables, et le reste de demi-honnêtes gens, c'est-à-dire d'individus ne valant pas grand'chose, et dont on avait à se défier.

De leur côté, les ateliers, froissés et indignés de ces attaques incessantes qui tendaient à la provocation, protestaient de toutes leurs forces par la voie des journaux.

Jusque-là, leur attitude avait été calme et inoffensive. Quoique les plus intelligents comprissent bien l'inopportunité de certains travaux, ils s'y soumettaient cependant, sous peine de manquer de pain. On annonça alors qu'une grande partie des ouvriers allait être envoyée en Sologne, pour y combler des marais et y défricher des terrains.

La nature du sol de la Sologne engendre des fièvres qui déciment la population.

Les ateliers prétendirent qu'on voulait les employer là pour s'en débarrasser, à l'instar du gouvernement de Juillet, qui avait expédié les patriotes en Algérie; ils pensaient aussi que, pendant leur absence, les réactionnaires tenteraient de rétablir le gouvernement monarchique.

Toutes ces rumeurs éparses dans leur sein commencèrent à les agiter. D'autre part, la morte saison des affaires continuait; les fabriques occupaient peu de monde; l'inactivité générale laissait aux ouvriers le temps de se livrer aux causeries politiques; la misère était grande chez le Peuple, et l'amenait tous les soirs sur les boulevarts et sur les places publiques, où ils formaient ce qu'on a justement appelé les *clubs du désespoir.*

Ces clubs ou attroupements avaient leur principal siége entre les portes Saint-Denis et Saint-Martin.

On y voyait souvent des hommes affublés d'une blouse, comme déguisement, venir y pérorer contre

## CHAPITRE XIX.

la République et ses actes ; ils cherchaient, par des récriminations violentes, à entraîner le Peuple dans un conflit. Ces orateurs en plein vent se retiraient lorsqu'ils voyaient la question bien engagée, et allaient plus loin former un autre groupe : ce qui démontre que, sans dépenser des sommes énormes, on pouvait, avec un petit nombre d'agents, entretenir une émotion constante dans Paris.

Pendant quelques soirs, les attroupements devinrent si serrés, qu'ils interceptaient la voie publique.

L'autorité crut devoir faire circuler des patrouilles, qui ne réussirent qu'à grossir la foule, par la quantité de curieux qu'elles attiraient sur les lieux.

Le Pouvoir exécutif demanda à l'Assemblée nationale une loi terrible contre les attroupements. Cette loi, digne des plus mauvais temps de la Restauration, fut octroyée à une immense majorité.

Néanmoins, l'agitation se continuait dans le Peuple. Bonaparte, Henri V, la Régence, et le renvoi des ateliers nationaux, servaient de texte aux différentes versions que les partis débitaient, à l'envi les uns des autres.

Les clubs du désespoir persévéraient. La rumeur publique était grosse d'orages; et, pour rappeler une expression un peu triviale dont je me servis alors, afin de caractériser la position : la vessie était gonflée de fiel ; elle allait bientôt crever !...

L'autorité imagina alors, comme dernière ressource, de former un réseau de troupes autour des rassemblements et de les envelopper dans une arrestation commune.

Plus de neuf cents personnes de tout sexe furent ainsi cernées d'un seul coup de filet, et conduites à la Préfecture de police, où elles passèrent la nuit dans la cour.

On s'emparait certainement des meneurs par ce moyen ; mais, en même temps, on violait aussi la liberté de personnes inoffensives, attirées par la curiosité ou la proximité de leur demeure. Deux représentants, englobés dans cette capture, durent subir eux-mêmes les conséquences de la belle loi qu'ils avaient faite.

Il eût mieux valu, ainsi que je crois l'avoir dit précédemment, aposter dans la foule, des agents inostensibles, qui, s'attachant aux monteurs de clubs, les eussent arrêtés ensuite à domicile, pour éviter des collisions dans la rue.

## CHAPITRE XIX.

Néanmoins, le soir du 22 juin, les attroupements ne stationnèrent point sur les boulevarts. Quelques milliers d'ouvriers se réunirent près de l'Hôtel de ville. Le mot de dissolution des ateliers parcourait les rangs et excitait une grande fermentation.

La Commission exécutive fut prévenue qu'un conflit se préparait. Le ministre de la guerre, Cavaignac, qu'elle avait appelé précédemment dans son sein, prétendait tenir sous sa main 25 mille hommes de troupes.

Pourtant, le chiffre de ses troupes se trouvait réduit par les mutations suivantes, faites dans la garnison de Paris :

Le 14 juin, le 55ᵉ de ligne était parti pour Laon;

Le 15 juin, le 21ᵉ de ligne pour Orléans;

Le 18 juin, le 45ᵉ de ligne pour Soissons;

Vers les mêmes époques, le 23ᵉ léger avait quitté Vincennes pour Versailles, et le 34ᵉ de ligne s'était rendu à Fontainebleau.

Cet éloignement fut-il déterminé par le fait d'une conspiration qu'on disait exister dans l'armée, et dans laquelle deux généraux se trouvaient compromis? C'est ce que j'ignore. Mais, n'importe pour quelle raison, la garnison, le 22 juin, atteignait, au plus, le chiffre de 12 mille hommes.

La bataille avait été annoncée, depuis plusieurs jours, par le général Clément Thomas ; la police du ministère était avertie. La misère du Peuple et ses espérances trompées allaient le précipiter dans une lutte fatale. On se flattait d'en finir avec ses prétentions : il allait prêter le flanc, lui-même, à de tristes mesures !

Les événements qui suivent sont encore si brûlants, que c'est à peine si j'ose en tracer une légère esquisse. L'histoire des trois journées de Juin paraîtra sans doute, plus tard, avec tous les détails qu'elle nécessite.

Jusqu'à présent, les récits officiels qui ont paru ont été entachés de partialité.

Les vaincus ont toujours tort !...

# CHAPITRE XX

Le soir du 22 juin. — Les ateliers nationaux et M. Marie. — Le 23 juin, premières barricades. — Inertie du Gouvernement. — Le général Cavaignac et la garde nationale. — Le canon et le sang. — Faux bruits. — L'or de l'étranger. — Pillage et incendie.— La garde mobile. —Boucherie d'hommes. —L'insurrection du désespoir.— Mort aux voleurs ! — Absence de toute organisation. — Chances de succès. — La guerre sociale et la Montagne. — L'Assemblée hors Paris. — M. Pascal Duprat et l'état de siége. — Attitude de M. Sénard. — Les insurgés de Montmartre me demandent.—Ma visite au général Cavaignac.— Agitation extraordinaire du dictateur. — Notre conversation. — Il rédige un manifeste. — Frénésie de M. Degousée. — L'insurrection est vaincue. — Loi de transportation. — Menace et vengeances.— Sacrrrr... — Délation et proscription.— Résultats de la victoire des conservateurs. — Le despotisme de la force. — M. Recurt et le général Perrot. — Le cœur de M. Sénard.— M. Cavaignac faisant de l'histoire. — Des passions, et toujours des passions.


Les ateliers nationaux, menacés de dispersion, avaient envoyé, le 22 juin au soir, auprès de la Commission exécutive, une députation qui fut très-mal reçue par M. Marie. Les délégués rapportèrent à leurs camarades que **M. Marie** leur avait appliqué l'épithète de *canailles*, ce qui amena la plus grande fermentation dans les esprits.

Le 23 juin, dès onze heures du matin, des barricades furent élevées à la porte Saint-Denis et dans plusieurs faubourgs.

Pendant trois heures, le pouvoir abandonna Paris à la révolte, sans qu'aucun ordre fît mouvoir les troupes dont il disposait.

Aucune proclamation n'avait été affichée pour calmer le Peuple.

Voulait-on donc laisser grandir l'émeute pour anéantir d'un seul coup les travailleurs insurgés?

La réaction vit commencer ce soulèvement populaire sans en être trop effrayée le premier jour.

Ce fut seulement lorsqu'il eut pris une extension menaçante, que, de toutes parts, surgirent les accusations les plus graves contre le Gouvernement.

Le général Cavaignac, auquel l'Assemblée avait remis la dictature exécutive, était accusé de trahison par la garde nationale. « Comment n'avait-on pas cerné immédiatement l'émeute? Pourquoi n'employait-on pas des sapeurs-mineurs pour faire sauter le faubourg Saint-Antoine? Il fallait, disaient les plus exaltés, détruire cet arrondissement pour sauver les onze autres. »

Le canon grondait ; le sang coulait à flots. Ce n'était plus une émeute, mais une insurrection comme Paris n'en avait point encore subi. Il est impossible de donner une idée de l'exaltation qui régnait dans les esprits, et du désordre universel qu'avait amené cette terrible guerre.

Des républicains prirent parti contre l'insurrection et payèrent de leurs personnes, persuadés que cette attaque avait été dirigée par des agents légitimistes et bonapartistes. Dans leurs rangs, le bruit courait que la République était menacée ; que l'or de l'étranger fomentait ces troubles ; qu'une quantité de forçats occupaient les barricades ; que le pillage et l'incendie seraient les inévitables conséquences de leur succès.

Les gardes mobiles, qui sortaient des barricades de Février, tournèrent leurs armes contre les barricades de Juin, et ensanglantèrent les faubourgs du sang de leurs familles !

La magnanimité du Peuple français fut voilée. L'esprit de destruction avait attisé le feu du combat. La boucherie d'hommes se continua après la victoire.

Que d'audace dépensée en trois jours ! Pourtant il n'y avait point de plan organisé, point de chefs de direction.

Le Peuple, trompé, voyant la misère en permanence dans ses foyers, se jeta dans cette insurrection du désespoir.

Pendant qu'on l'accusait de pillage et d'incendie, il avait inscrit sur son drapeau : Respect aux personnes et aux propriétés ; mort aux voleurs ! et il se battait seulement pour avoir la réalité d'une République démocratique et sociale. Partout où il fut maître, il se comporta avec sagesse et modération. Sa bannière fut conservée pure de toute improbité. Il défendait spontanément son droit, même sans le secours et les conseils de ses devanciers en insurrection, auxquels il n'avait point fait part de ses projets. Il s'était fortement retranché et luttait vaillamment ; mais ce qui prouve l'absence d'organisation, c'est que bon nombre d'ouvriers restèrent dans l'incertitude et ne se mêlèrent point à la révolte.

D'un autre côté, les communications de quartier à quartier n'avaient point été maintenues. Il n'y avait pas d'ensemble. Les insurgés se barricadèrent chez eux, au lieu d'avancer et d'établir un quartier général au centre de la ville, afin de pouvoir rayonner sur tous les points.

Une insurrection doit viser, avant tout, à gagner du terrain et à percer jusqu'au cœur de l'ennemi. Toutes les fois qu'elle restera dans ses limites primitives, elle sera anéantie, son moyen principal de réussite étant dans son extension.

Elle devait aussi intercepter les boulevards et les quais, pour empêcher l'arrivage des troupes, et tenir des postes en éclaireurs sur les boulevards qui entourent Paris.

Je m'abstiendrai de parler de moyens pratiques, car on ne manquerait pas de dire que j'entends donner des conseils pour l'avenir.

Cette guerre sociale avait surpris l'Assemblée, et principalement les représentants de la Montagne.

C'est à la Chambre seulement que j'appris que les rumeurs et menaces qui agitaient Paris depuis quelques jours s'étaient transformées en collision; car je n'habitais plus le centre de la ville, et je m'étais relégué à la barrière de l'Étoile, chez un ami, pour achever ma guérison et me livrer à l'étude de certaines questions que je me proposais de traiter.

Je n'étais donc point au courant de ce qui se passait.

Néanmoins, je fus bien étonné de n'avoir été averti de rien. J'interrogeai ceux de mes amis que je supposais mieux instruits. Comme moi, ils ne savaient rien et se répandaient en conjectures de tous genres.

La journée du vendredi et la soirée s'écoulèrent dans l'anxiété la plus pénible. On entretenait l'Assemblée des versions les plus fâcheuses pour les insurgés. Les calomnies lancées au dehors contre eux arrivaient centuplées dans l'intérieur de l'Assemblée nationale.

Je m'étais offert pour aller, avec quelques amis du Peuple, auprès des insurgés, écouter leurs réclamations et les ramener au calme, si c'était possible. Toutefois, je voulais avoir un mandat écrit. Cette démarche ne pouvait être faite autrement. Elle fut repoussée.

Dans la matinée du samedi, le désordre augmentait encore. Les abords de l'Assemblée étaient à peine gardés par la troupe de ligne, qui paraissait morne et fatiguée.

On disait que l'insurrection s'étendait ; que le

## CHAPITRE XX.

faubourg Saint-Antoine avait plusieurs pièces de canon, et que la rive gauche maintenait ses positions. L'effroi était peint sur bien des figures. Il fut question de transporter l'Assemblée hors Paris! M. Pascal Duprat demanda l'état de siége!

Nous protestâmes de toutes nos forces; et je vis un moment où un conflit allait s'élever entre la Montagne et les réactionnaires.

La séance fut suspendue.

C'est alors qu'on vint me dire que les insurgés m'avaient choisi comme chef, et que mon nom servait de mot de ralliement.

Je répondis que si j'avais commandé et organisé l'insurrection comme chef, je serais au milieu des insurgés et non parmi leurs ennemis.

Et, en effet, outre la lâcheté qu'il y aurait eu à me tenir à l'écart, n'eût-il pas été de la dernière imprudence de me livrer moi-même à ceux que j'aurais fait attaquer? Si j'avais eu des communications avec les insurgés, ne les aurais-je point entraînés à tenter une pointe sur l'Assemblée, pendant la journée du samedi, pour s'emparer des membres du pouvoir et des représentants de la réaction?

Ce n'est point une justification que je cherche;

l'injustice de mes ennemis m'abstient d'en essayer aucune. Quant au Peuple, j'ai déjà dit que si j'avais été de concert avec lui, il m'aurait vu sur ses barricades ; et j'y serais mort plutôt que de lâcher pied.

J'ai voulu seulement démontrer à quelles conjectures absurdes la haine des passions politiques peut se hasarder.

Dans la soirée, M. Sénard, président, annonça quelques succès de la garde mobile et de la garde nationale. Il espérait *en finir* le lendemain avec l'insurrection.

La permanence de l'Assemblée fut donc levée jusqu'au lendemain matin.

La journée du dimanche constata de nouvelles pertes de l'insurrection.

Dans l'après-midi, un envoyé de la mairie de Montmartre vint demander ma présence, ou une lettre qui engageât les insurgés à mettre bas les armes. Je lui répondis que je n'avais aucun pouvoir, et qu'il était trop tard pour que je pusse intervenir utilement. J'invitai les citoyens James, Demontry et Signard à m'accompagner à la présidence avec ce parlementaire, afin qu'on pût lui donner une proclamation qui calmât les insurgés et leur fît quitter les barricades.

Nous arrivâmes ainsi à la présidence, où se trouvaient le général Cavaignac, M. Sénard, M. Degousée et un autre représentant dont le nom ne m'est pas connu.

Nous exposâmes que l'envoyé désirait une lettre de moi, à défaut de ma présence, mais que je ne croyais pas que ma présence ou une lettre pussent rien faire, dans l'état où en étaient les choses; j'ajoutai qu'il fallait plutôt une proclamation d'oubli et de pardon du passé.

M. Sénard, répondit qu'en effet, dans ma position, il ne me conseillait pas cette démarche.

Alors le général Cavaignac, dont la figure bouleversée annonçait une agitation intérieure extraordinaire, me demanda brusquement :

« Qui êtes-vous?

— Je suis Caussidiere.

— Si vous n'étiez pas aussi bon républicain, vous ne seriez point ici !

— C'est possible, mais je crois qu'il est urgent d'en finir par la conciliation. Mettez pardon et oubli, dans un manifeste, peut-être serez-vous écouté. »

Les citoyens Demontry et Signard, joignant leurs instances aux miennes, le général Cavaignac se mit à rédiger une proclamation.

Lorsqu'il en fit lecture, M. Degousée répliqua vivement qu'il ne fallait « point de concession avec des rebelles et des assassins; » il paraissait ivre de colère, et insista tellement que la proclamation fut modifiée par des expressions moins fraternelles!...

Le lundi l'insurrection était vaincue. Le Peuple du faubourg Saint-Antoine cessa le feu pour éviter de plus grands désastres.

Je ne parlerai point des honneurs rendus aux gardes mobiles apportant des drapeaux. Toutes ces choses me paraissent si tristes que je laisse à d'autres le soin de les détailler.

L'Assemblée s'occupa aussitôt d'une loi de répression ou de transportation. Les divers propos que j'avais entendu tenir depuis vingt-quatre heures de succès, et la joie que je voyais rayonner sur les figures réactionnaires, me poussèrent à prendre la parole pour intercéder en faveur des vaincus; car on racontait bien des violences commises, et on craignait de funestes vengeances.

Vingt fois je voulus parler; mais, chaque fois,

je fus interrompu par des clameurs furieuses. Alors, la colère s'empara de moi : un *sacrrr*, ou juron énergique, ne put être entièrement contenu. L'indignation m'avait fait sortir des bornes parlementaires! je n'étais plus maître de mes paroles; ainsi, je dis, entre autres choses qui ont été mal interprétées :

« Vous avez mis Paris en état de siége, vous avez bien fait ! »

Ceux qui comprirent le sens que j'attachais à ces paroles, virent bien que je n'entendais point féliciter le pouvoir de cet acte dont j'avais redouté le vandalisme.

La veille, j'avais lutté de toutes mes forces contre l'état de siége, que je regardais comme un précédent désastreux!...

Le sang avait enfin cessé de couler. La délation et les proscriptions allaient faire leur office. Douze mille citoyens devaient être casematés sous l'égide protectrice du gouvernement de la fraternité!...

La victoire de la réaction en ces fatales journées eut pour résultats : l'état de siége, les commissions militaires et la loi de transportation; la commission d'enquête; le désarmement des ouvriers, la fermeture des clubs et la suspension des journaux populaires; en un mot, la violation de toutes les libertés et le despotisme de la force.

Elle mit à jour bien des caractères et fit tomber bien des masques hypocrites.

Qui dirigea l'attaque sur la place de la Bastille contre le faubourg Saint-Antoine?

M. Recurt, le médecin du faubourg, avec l'assistance du général Perrot, le même qui, le 24 février, commandait Paris contre nous au nom du roi Louis-Philippe!

Qui avait demandé l'état de siége et la dictature?

M. Duprat, un ancien rédacteur des journaux démocratiques!

Qui appuya l'urgence du vote de la transportation?

Bien des républicains, hélas! dont nous n'avons pas le courage de citer les noms!

A qui revient l'invention de déporter *outre-mer* les vaincus de la guerre sociale?

A M. Sénard qui « avait puisé cette mesure *dans son cœur;* » et pendant qu'on ramassait les morts au faubourg Saint-Antoine, crénelé par les boulets et la mitraille, M. Sénard s'écriait avec son emphase de théâtre :

## CHAPITRE XX.

« Remerciez Dieu, messieurs! *Oh! que je suis heureux!* Huissiers, battez le palais pour rassembler les représentants. *Merci à Dieu!* »

Et M. Cavaignac, le héros de Juin, osa dire à la tribune : — Nous faisons de l'histoire !

Quelle histoire !

Voilà de beaux actes et de beaux noms, pour le jugement de la postérité !

« Des passions, des passions et toujours des passions ! » répondit Pierre Leroux.

# CHAPITRE XXI

Demande de poursuites contre Louis Blanc. — Première ardeur du baron Portalis. — Démission de MM. Portalis, Landrin et Lacrosse. — Fureur de M. Jules Favre. — Intrigues des conservateurs. — Députation de la rue de Poitiers au général Cavaignac. — Le dictateur obéit aux royalistes. — Le nom de Godefroy. — Les douceurs de la vengeance. — La Commission d'enquête. — M. Barrot et M. Bauchart. — Ledru-Rollin, Louis Blanc et Caussidière. — M. Barrot, inquisiteur. — Voyage de M. Jérôme Bonaparte à Paris, sous le règne de Louis-Philippe. — Ses entrevues avec M. Marrast et autres personnages. — Sa conversation avec M. Barrot. — La dynastie d'Orléans, la mort du roi, un en-cas. — Rapport de la Commission d'enquête. — Terreur de M. Bauchart. — La Montagne et le général Cavaignac. — La tache de sang. — Il doit être bien malheureux ! — Juin et Juillet. — Ma visite au général Cavaignac. — Curieuse conversation. — Mes rapports avec le citoyen Ducoux. — Les royalistes demandent sa destitution à M. Sénard. — Prudence de M. Ducoux. — L'œil de la police. — La contre-révolution. — Conseils de M. Portalis. — Quand nous en serons à M. Thiers. — Quand la maison sera brûlée.

Quelques jours après les événements du 15 mai, MM. Portalis et Landrin avaient demandé à la

Chambre l'autorisation de poursuivre Louis Blanc.

Ces deux membres du parquet, républicains ardents après les journées de Février, avaient déjà fléchi devant les réactionnaires dont ils recherchaient l'approbation, en venant ainsi, comme magistrats, prendre l'initiative d'une accusation contre un de leurs collègues.

Les deux principaux arguments de leur réquisitoire étaient ceux-ci :

Louis Blanc a félicité l'émeute de reconquérir le droit de pétition en pleine assemblée.

Louis Blanc a parlé deux fois à l'émeute.

Malgré leur insistance dans le cours d'un vif débat, les mystères de l'instruction secrète n'ayant pas été révélés aux représentants du Peuple, l'autorisation de poursuites fut refusée.

M. le baron Portalis et M. Landrin s'indignèrent et donnèrent leur démission. M. Lacrosse s'était joint à eux et s'était également démis de ses fonctions de membre du bureau.

M. Jules Favre, qui, par une ancienne animosité contre Louis Blanc, avait appuyé la proposition et demandé qu'on livrât l'accusé sans éclaircissement préalable, se retira furieux.

L'Assemblée cependant, dans cette circonstance,

n'avait point cédé aux passions réactionnaires.

Il n'en fut pas de même après les événements de juin.

Les amis de l'ancien régime, les royalistes et les conservateurs se répandaient en menaces étranges contre la République populaire; et pour profiter de leur triomphe momentané, ils cherchèrent à englober dans un vaste réseau quelques représentants qui possédaient les sympathies des insurgés.

Une députation de royalistes de la rue de Poitiers se rendit auprès du général Cavaignac qui avait alors la dictature en main. Ils lui intimèrent que, s'il n'était point ordonné de poursuites contre quelques représentants de la Montagne, ils étaient deux cents députés prêts à donner leur démission et à se retirer dans leurs départements, et qu'alors on verrait !

Celui-ci aurait pu leur répondre que la justice ne s'imposait pas par la violence, et les laisser partir. On en eût été quitte pour nommer deux cents autres représentants, qui eussent été peut-être animés d'un patriotisme plus impartial.

Il y avait là une belle occasion pour le général Cavaignac de se dépêtrer de la réaction qui l'enserrait.

Mais le dictateur obéit aux royalistes.

Cher Godefroy ! ton nom, qui avait servi d'auréole à ton frère, lui avait été légué pur de toute concession aux ennemis de la République. La mort t'a du moins épargné un triste spectacle : l'esprit démocratique s'est retiré de ta famille !

Les meneurs de la rue de Poitiers organisèrent donc les moyens d'en venir à leurs fins. Leur victoire eût été incomplète, s'ils n'avaient point savouré les douceurs de la vengeance !

Une Commission d'enquête fut nommée pour découvrir les causes des événements de mai et de juin. Ces causes n'étaient pourtant pas difficiles à deviner !

La Commission était composée de quatorze membres, dont M. Odilon Barrot président, et M. Bauchart rapporteur.

Aucun représentant démocrate n'en faisait partie.

Le travail de la Commission dura six semaines. 217 dépositions furent entendues et consignées dans trois volumes in-quarto. 54 pages résumaient les inductions tirées des témoignages plus ou moins sincères. L'esprit de réaction le plus violent avait présidé à l'édifice de ce rapport, bâti sur

## CHAPITRE XXI.

d'odieuses calomnies et sur des faits honteusement travestis.

On remontait au 17 mars. Il eût été plus logique de remonter jusqu'au 21 février !

Trois représentants démocrates y étaient principalement accusés : c'étaient les citoyens Ledru-Rollin, Louis Blanc et Caussidière.

Ainsi que mes collègues, je fus appelé devant la Commission d'enquête pour y déposer des faits à ma connaissance.

M. Odilon Barrot remplissait l'office de juge d'instruction.

Après ses premières questions, je lui dis que sa manière d'interroger ressemblait plutôt à une inquisition qu'à une demande de renseignements.

Il me dit que ce n'était qu'à titre de renseignements qu'il m'interpellait, la Commission n'ayant pas été instituée pour juger ses collègues.

Il aurait dû ajouter : Mais bien pour les livrer.

Son air mielleux et son regard en dessous ne m'inspiraient point une entière confiance.

Je le savais royaliste, et me rappelais quelques paroles de lui qui avaient fait naître en moi des préventions sur la sincérité de ses sentiments politiques.

Quoique ce souvenir soit étranger à ce chapitre, il a une espèce de corrélation avec les événements du jour.

Il y a trois ans et demi environ, Jérôme Bonaparte fit un voyage à Paris où il eut des entrevues avec diverses personnes ; il chercha aussi, par l'entremise de M. Joly, à voir quelques républicains. J'assistai avec MM. Recurt et Grandmesnil à une réunion qui se tint chez M. Joly.

Dans la conversation, le *prince* Jérôme nous dit qu'il avait été bien accueilli par M. Marrast du *National*, et qu'il regrettait de voir le journal *la Réforme* constamment opposé à son cousin Louis.

— Pensez-vous, ajouta-t-il, que mon cousin, venant apporter son épée dans la lutte à laquelle se préparent les démocrates, ne produirait pas un bon effet pour cette cause?

— Le nom de votre cousin, lui répondis-je, rencontrerait des sympathies dans les campagnes ; mais il trouverait des répugnances invincibles chez les démocrates d'action. D'ailleurs, les deux tentatives qu'il a faites à Strasbourg et à Boulogne lui ont enlevé toute prépondérance militaire. »

M. Jérôme ajouta alors que M. Odilon Barrot qu'il avait vu, lui aurait dit :

— La dynastie d'Orléans n'est point aimée ; elle peut succomber, à la mort du roi. Votre cousin a fait des fautes ; mais vous dont le nom est vierge, vous pourriez être un *en-cas*, dans la circonstance.

Quoi qu'il en soit de cette curieuse ouverture de M. Barrot, je répondis à ses demandes devant la Commission d'enquête, plutôt sous forme de conversation, que comme subissant un interrogatoire.

Enfin, le 3 août, le fameux rapport fut lu à l'Assemblée. Ce réquisitoire royaliste faisait tout au long le procès de la révolution de Février !

Pendant la lecture, toute la gauche lança de violentes dénégations. M. Bauchard, rudement interpellé, prétendit que la Commission d'enquête avait atténué la valeur des faits établis par les dépositions ; et comme on lui demanda quel motif avait empêché la publication des pièces, il répondit astucieusement que c'était pour éviter des récriminations toujours funestes.

L'Assemblée insista pour l'impression des pièces, afin de connaître exactement les faits. Une vive curiosité me parut être le premier mobile de cette insistance.

La publication ayant été décidée, je me bornai

à demander un délai de trois jours pour avoir le temps d'opposer des pièces contradictoires.

Cependant, ce rapport si profondément empreint de haine et de partialité, ne produisit pas tout l'effet qu'en attendaient ses auteurs. Une espèce de pudeur fit penser à beaucoup de personnes qu'on était allé trop loin. Quelques représentants de la partie dite *modérée* vinrent me prier de ne point continuer à aigrir les esprits, en combattant par de justes représailles les récriminations du rapport, et de ne pas allumer la guerre civile au sein de l'Assemblée elle-même.

Enfin, toutes sortes de raisonnements spécieux étaient employés pour nous amener à de simples explications des faits.

Le rapporteur, M. Bauchard, sans doute pour se rendre plus intéressant, me pria aussi, par l'entremise du représentant Démosthènes Olivier, d'engager mes amis à se contenir à son égard. Il recevait chaque jour, avait-il dit, des lettres anonymes qui le menaçaient de mort.

Je lui fis répondre que mes amis n'étaient point des assassins, et qu'ils se contentaient de mépriser la calomnie.

Au travers de ces dissensions intestines, l'Assemblée nationale appuyait cependant en majorité le président du pouvoir exécutif : les représentants de la rue de Poitiers et de l'Institut, à cause des concessions qu'il avait déjà faites et dans l'espoir de celles qu'on espérait encore obtenir ; les représentants de la Montagne, dans la pensée qu'il finirait par s'apercevoir de son égarement, et qu'il ferait un retour, après avoir laissé libre cours aux premières violences de la réaction.

Il est impossible, disait la Montagne, que le général Cavaignac renie son passé ; pendant plusieurs années, il a professé des opinions démocratiques, et son frère en parlait avec orgueil ; il sentira le besoin d'effacer *la tache de sang* que les événements ont fatalement imprimée à son nom.

Il doit souffrir horriblement, ajoutait-on, d'avoir fait mitrailler des citoyens entraînés par le désespoir de la misère et l'abnégation du dévouement.

Ces suppositions favorables et l'air froidement triste, empreint sur sa figure, lui conservaient une espèce de pitié religieuse : chacun se disait :

— Il doit être bien malheureux !...

Vers ce temps-là, on annonçait vaguement un mouvement projeté pour le 14 juillet. On supposait que le Peuple voulait prendre sa revanche. Comme les événements de Juin, bien que prévus, avaient cependant surpris les représentants démocrates, je résolus de m'informer et de mettre quelques amis en campagne pour savoir la vérité.

Deux agents de la police secrète, ne sachant pas que je connaissais leur *numéro*, étaient venus me *moutonner* dans la salle des pas-perdus, et leurs propos m'avaient fait craindre quelque provocation.

Mes amis me dirent qu'en effet des bruits d'attaque étaient répandus parmi les ouvriers; mais qu'en général personne ne paraissait disposé à engager un conflit.

Je les invitai à parcourir les différents quartiers de Paris pour supplier le Peuple de résister à toute suggestion provocatrice, et pour combattre énergiquement toute velléité d'action : la moindre apparence d'émeute pouvant perdre alors tout à fait la cause démocratique. Je leur déclarai, en même temps, mon projet de voir le chef du Pouvoir exécutif, et de lui faire part de nos intentions. Ils approuvèrent ma démarche.

Je me rendis donc auprès du général Cavaignac,

qui me reçut d'une manière affable. Il paraissait triste et soucieux.

« Je viens, lui dis-je, vous prévenir que des bruits de collision circulent dans la ville. Il est question d'une attaque le 14 juillet : mes amis et moi, nous redoutons quelque machination de la police. Je viens donc, en leur nom et au mien, protester contre toute tentative, et vous avertir que nous allons faire tous nos efforts pour maintenir le calme dans la population. De votre côté, donnez des ordres, s'il y a lieu, afin que la police cesse toute allure provocatrice.

— Vous ferez bien, me répondit-il, d'empêcher tout mouvement ; car il serait la perte de la République. Les faubourgs sont loin d'être calmes. Il y a deux jours encore, une quinzaine de jeunes gens parlaient de m'assassiner. La position est très-difficile, et l'on attribue aux républicains les journées de Juin.

— Vous savez bien, répliquai-je, que l'insurrection de Juin a été menée en dehors des républicains habitués à de pareilles affaires. Il n'y a eu aucun complot de leur part, et les choses se seraient passées différemment s'ils s'en étaient mêlés !... »

Je lui dis alors que la Montagne et le parti républicain tout entier étaient prêts à l'appuyer énergiquement, s'il voulait, usant du pouvoir dictatorial qui était entre ses mains, diriger les affaires dans une voie plus radicale que celle qu'on suivait en ce moment.

« Les républicains, ajoutai-je, ne manquent ni d'habileté ni de courage. Vous pouvez en juger par les événements de Février. Leur grand défaut est de ne point se souvenir. Ils sont toujours trop confiants pendant le succès. »

Il me répondit :

« Mon pouvoir n'est point aussi fort que vous le supposez. La majorité de l'Assemblée conduit tout. Je ne suis qu'un instrument entre ses mains. Avant quinze jours, je serai usé. Du reste, vous voyez que je vais peu à l'Assemblée, et que je ne fais rien pour me maintenir au poste que j'occupe. »

Après quelques propos sur la situation financière, je le quittai. Il m'engagea à revenir le voir.

Ainsi, mes efforts pour ramener le président du Pouvoir exécutif à la cause démocratique échouèrent contre l'état d'inertie dans lequel il paraissait plongé.

Je ne cherchai point à exhumer le souvenir de son frère, dont j'avais entendu presque les dernières paroles, toujours sympathiques au Peuple. Je vois encore cette figure si noble, amaigrie par la souffrance, cette tête active, toujours préoccupée de l'avenir du pays, et lui donnant ses dernières pensées. Oh ! je l'aimais bien, celui-là ; car il n'avait jamais dévié !...

Je savais que de prétendus amis de Godefroy Cavaignac invoquaient son nom en faveur de mesures fatales que, vivant, il eût désapprouvées. Je ne tenais point à être leur imitateur, malgré la bonté de ma cause.

Je revis le général Cavaignac, quelques jours après, pour lui soumettre un projet de finance qui m'avait été confié par quelqu'un. Il me parut avoir repris de l'initiative, mais du côté de la réaction. S'il ne manqua point aux lois de la politesse, je crus néanmoins apercevoir un peu de froideur dans son maintien.

Notre entretien fut court, et n'eut aucune signification qui mérite d'être rapportée.

Je m'aperçus aussi, d'autre part, que j'étais en suspicion.

Le citoyen Ducoux venait d'être nommé préfet

de police, en remplacement de mon successeur, M. Trouvé-Chauvel. Il m'aborda un jour dans la salle des Pas-Perdus, en présence de plusieurs représentants royalistes, et me pria tout haut de lui donner quelques renseignements administratifs sur la Préfecture. J'y accédai très-volontiers; et, devant ces messieurs, nous prîmes rendez-vous pour le lendemain.

Grand émoi de leur part. Après la séance, ils coururent au ministère de l'intérieur, et demandèrent à M. Sénard, alors ministre, la destitution de M. Ducoux, qui entretenait des rapports avec Caussidiere. La police allait-elle donc retomber entre les mains du préfet de Février?

Le ministre de l'intérieur ne crut point devoir obtempérer à cette supplique; il promit seulement d'engager M. Ducoux à s'abstenir de relations avec moi. Il y réussit en effet si bien, que, pendant quelque temps, le citoyen Ducoux s'esquivait lestement, lorsqu'il m'apercevait.

Je ne pouvais m'empêcher d'en rire, toutes les fois que ce fait se reproduisait; car j'avais appris, le lendemain, par M. Sénard lui-même, la visite des royalistes et leur singulière injonction.

J'étais au courant de toutes les menées des réactionnaires ; car j'avais encore les allures et l'œil de la police un peu partout : aussi voyais-je tous les fils de leurs trames. La contre-révolution marchait à grands pas, et allait bientôt nous donner une leçon pratique de sa gratitude envers ceux qui, pendant quelques mois, n'avaient eu d'autre souci que de sauvegarder les vaincus et de leur laisser part égale avec les vainqueurs.

Le dernier in-quarto du rapport de la commission d'enquête venait d'être distribué ; M. Marrast, président de l'Assemblée nationale, fixa le jour des répliques au vendredi 25 août.

Il me souvient qu'un peu avant le 25 août, M. Portalis, qui paraissait me vouer une espèce d'affection, me disait :

— Vous feriez bien de solliciter du Gouvernement une mission étrangère : on vous l'accorderait certainement.

Je lui demandai le pourquoi de ce conseil, qui n'était point du tout en accord avec mes intentions.

— Parce qu'à tort ou à raison, l'on vous craint, et que l'on voudrait se débarrasser de vous, à tout prix ! me répondit-il.

— Pourtant, je crois être sincèrement républicain, lui dis-je.

— Oui, mais d'une nuance trop foncée.

Sur ce que je lui objectai, que chaque corps d'armée avait son avant-garde, et que le Gouvernement s'éloignait du but de la révolution, il ajouta :

— Au surplus, quand nous en serons arrivés à M. Thiers, plutôt que de nous joindre à lui, nous nous rallierons à vous.

Il aurait aussi bien fait de dire :

« Quand la maison sera brûlée, nous apporterons du feu pour l'éteindre. »

# CHAPITRE XXII

La séance du 25 août. — Discours de Ledru-Rollin. — Le rappel au 16 avril. — Déclaration du dictateur Cavaignac. — Défense de Louis Blanc. — Prorogation de la séance. — Dix heures du soir. — M. Marrast. — La tribune. — Hallucinations. — Tribunal inquisitionnaire. — Psalmodie et bréviaire. — Bon et mauvais. — M. Corne, procureur général. — Discours du citoyen Bac. — Discours du citoyen Flocon. — Mai et Juin. — 477. — La cour d'assises ou le conseil de guerre. — Les otages de la réaction. — Les tribunes de l'Assemblée. — Le président Cavaignac et le ministre Marie. — Cinq heures du matin. — Fargin Fayolle. — M. Lherbette. — Nuit de jugerie. — L'état de siége. — Espoir d'avenir.

Le 25 août, dès le matin, des mesures militaires avaient été prises à l'extérieur et à l'intérieur de l'Assemblée nationale. La circulation, dans la salle des Pas-Perdus, avait été interdite aux personnes ne faisant point partie de l'Assemblée.

La séance fut ouverte à onze heures du matin, pour entendre les trois représentants accusés dans le rapport de la commission d'enquête.

D'après les instances qui nous avaient été faites, de ne point attiser l'esprit de discorde permanent dans l'Assemblée, et, pour éviter les conséquences de mon entraînement, j'avais préparé mes explications par écrit. M. Lingay voulut bien colorer de son talent les inspirations que m'avait fournies le rapport de la Commission.

J'étais nanti d'une foule de pièces directement contradictoires aux faits avancés par elle.

Près de huit cents représentants étaient à leur poste. Les tribunes étaient remplies de spectateurs. La journée promettait de devenir dramatique.

La première partie de cette séance dura jusqu'à sept heures du soir.

Elle fut occupée par diverses explications de quelques représentants, sur la question en instance.

Le citoyen Ledru-Rollin, animé d'une chaleureuse éloquence, repoussa avec talent et vigueur les attaques faites à son administration. Il mit en regard l'ordre qu'il avait donné de battre le rappel, lors de la prétendue attaque des ouvriers, le 16 avril, et ses actes comme membre de la Commission exécutive. Enfin, il développa son talent d'orateur au plus haut degré. Malgré les préventions qu'avaient fait naître en moi quelques points de sa conduite politique, je fus fortement ému. Selon moi, nul orateur à l'Assemblée nationale n'avait encore montré un talent aussi remarquable.

Le pouvoir exécutif, par un reste de pudeur, n'avait point décrété de mandat d'amener contre lui ; on n'osa point aller à fond. Son acquittement était garanti à l'avance.

Le président du Conseil, M. Cavaignac, vint alors dire à la tribune que la demande en autorisation de poursuites contre Louis Blanc et Caussidière avait été provoquée par le Gouvernement. C'était très-explicite.

Les explications de Louis Blanc furent très-nettement posées. Il prit une à une chaque accusation et les détruisit toutes pièce à pièce, avec une force de logique incontestable.

La chaleur de la salle et la fatigue amenée par un discours de deux heures, lui firent demander un instant de repos. On en profita pour remettre la séance à huit heures et demie du soir.

J'avais pu voir chez bon nombre de représentants une inattention complète aux explications du citoyen Louis Blanc. Chacun d'eux semblait se dire : « Tu peux débiter de belles et bonnes choses tant que tu voudras, ça n'empêchera pas que tu sois condamné. »

La séance fut reprise sur les huit heures et demie. La même affluence existait dans les tribunes. Louis Blanc acheva son plaidoyer avec une clarté d'expression, digne d'un meilleur succès.

Il était plus de dix heures lorsque vint mon tour de parler. J'avais demandé le renvoi au lendemain; mais le pouvoir avait pris ses mesures : il voulait en finir. M. Marrast, président, insista pour qu'on achevât la besogne dans la nuit. Sa proposition fut votée par la majorité.

J'aurais dû tout simplement déposer mes explications, avec les pièces justificatives, sur le bureau du président et en réclamer l'insertion au *Moniteur*, en protestant énergiquement contre le droit de juridiction imposé par des royalistes à des républicains, dont le plus grand tort était d'avoir toujours pris les intérêts du Peuple en considération première.

La tension continuelle d'esprit dans laquelle je vivais depuis plusieurs jours, douze heures d'une séance fatigante, avaient produit en moi une prostration morale, complète. L'irritation et le dégoût s'emparaient tour à tour de mon imagination.

J'avais tant de fois fait mentalement le procès des accusations lancées contre moi, que lorsque je montai à la tribune, tout ce que j'avais emmagasiné d'idées et de répliques, s'était affaissé dans mon cerveau; un besoin invincible de sommeil me faisait voir en ce moment cette triste affaire d'un œil presque indifférent.

En proie à une espèce d'hallucination, il me semblait apercevoir dans cette Assemblée un tribunal inquisitionnaire. La demi-obscurité dans laquelle elle était plongée, une atmosphère lourde et des figures fatiguées, m'ahurissaient l'esprit.

Je me mis à lire machinalement l'énorme dossier dont la rédaction aurait mérité de rencontrer un lecteur plus habile. J'y voyais difficilement, et je cherchais à secouer l'espèce d'engourdissement dans lequel j'étais plongé.

Aujourd'hui, que mes souvenirs sont ravivés, je me remémore que je me disais, en psalmodiant mon récit comme un prêtre l'eût fait de son bréviaire : ta famille, tes amis sont là dans l'anxiété; jette au loin ces papiers et reprends ta verve. Une bonne improvisation vaudra mieux que cette lecture que tu traînes d'une façon si maussade.

En effet, deux ou trois fois, je coupai ma lecture

par quelques paroles qui ramenaient l'attention ; puis je rentrais fatalement dans la lecture de mon écrit. Cette nuit me fit rudement souffrir : lorsque je songe à quelques succès véritables de harangues, que j'ai obtenus en diverses circonstances, je me demande comment, avec tant de bonnes choses à dire, je restai, selon moi, au-dessous des exigences de la position ?

L'opium de la fatigue avait paralysé mon imagination.

Je m'étais trop fait fête de cette journée ; je devais être puni dans mon orgueil.

Je terminai mon volume par quelques mots, se résumant ainsi :

« Vous voulez me punir pour avoir été trop bon ; vous finirez par me rendre méchant !

« Le suis-je réellement devenu, et ne m'aurait-il point été facile, dans ce livre, d'arroser mes ennemis avec du vitriol ?

« J'ai dit que je ne les imiterais point dans leurs *saderies*; car la médisance est cousine de la calomnie ! »

Après ma lecture, M. Corne, procureur général, monta à la tribune pour demander à l'Assemblée une autorisation de poursuites contre les citoyens Louis Blanc et Caussidière. C'est là que vint aboutir l'esprit de conciliation dont on nous entretenait si fréquemment depuis quelques jours.

Le président proposa le vote d'urgence, qui fut accepté.

Alors le citoyen Bac prit la parole, et pendant plus d'une heure, il défendit Louis Blanc avec les inspirations du cœur, et avec l'éloquence oratoire la plus élevée ; ce plaidoyer chaleureux s'adressant à des gens qui avaient un parti pris de fermer l'oreille, resta sans effet.

Près de cinq cents votants vinrent consacrer une iniquité politique, et donnèrent l'autorisation de poursuites judiciaires contre le citoyen Louis Blanc, pour avoir parlé à l'émeute le 15 mai.

Ce que l'Assemblée avait repoussé en juin, elle l'accepta en août.

238 représentants protestèrent contre la mise en accusation.

Le citoyen Flocon se souvint en cette circonstance, que pendant 17 ans nous avions marché sous le même drapeau, et mis nos efforts en commun pour amener le triomphe de la cause républicaine.

Il parla de mes efforts constants, et des misères que ces luttes m'avaient attirées; il évoqua le souvenir de mon père dont la vie, toute de probité, avait été un long sacrifice à cette cause. Cette énumération de sentiments républicains, devait rencontrer peu de sympathie chez les royalistes.

Deux chefs d'accusation pesaient sur moi, l'un relatif au 15 mai, l'autre aux événements de juin.

Le nombre des votants était de 745. 477 députés votèrent pour l'autorisation de poursuites, 268 représentants votèrent contre.

L'autorisation de poursuites par une juridiction militaire fut votée au scrutin de division par 281 députés sur 739. 458 furent contre.

Je restai donc passible de la cour d'assises seulement; on m'avait épargné les honneurs d'un conseil de guerre.

Pendant les opérations du vote au scrutin de division, plusieurs amis vinrent près de moi, et près de Louis Blanc, pour nous engager à partir; leurs instances furent vives, et leurs motifs concluants; nous allions, disaient-ils, sans bénéfice pour la cause, grossir le nombre des otages livrés à la réaction.

On ne savait ce qui pourrait arriver, et il me répugnait d'avoir à fuir devant des accusations per-

## CHAPITRE XXII.

sonnelles ; n'en tirerait-on point parti pour affirmer le réquisitoire lancé contre nous ?

J'étais dans la salle de la paix à peser la valeur de cette intervention amicale, lorsque j'aperçus le substitut du procureur général, se promenant avec un rouleau de papiers sous le bras, de l'air d'un homme attendant un ordre à exécuter.

Je pensai qu'on allait nous faire arrêter à notre sortie de la salle. J'avais, dans une des tribunes de l'Assemblée, ma mère souffrante, et je ne voulais point qu'elle pût être témoin de ce spectacle.

Je rentrai dans l'Assemblée et je demandai au général Cavaignac si on allait bientôt me faire arrêter.

— Je ne le pense pas, me répondit-il ; si vous avez besoin de quelques jours pour arranger vos affaires, je prends l'engagement de vous les faire accorder.

— Je viens de voir un homme de justice, lui dis-je, et je crois qu'il est là tout prêt à exécution : pour ma famille, qui est présente, je voudrais éviter une arrestation dans cet endroit.

— Je n'en sais rien ; au surplus, voyez M. Marie; il pourra vous instruire à ce sujet.

Je fis la même question à M. Marie, qui m'adressa un sourire gracieux et jésuitique dont je fus étonné, car je savais que j'étais, pour ce ministre, un véritable épouvantail; il me répondit qu'il n'avait point encore de mandats préparés, et qu'il ne pensait pas que je fusse arrêté sur les lieux.

Son sourire et ses paroles n'avaient rien de bien rassurant. Ne pouvait-on pas avoir des mandats tout prêts ; je savais, Dieu merci, à quoi m'en tenir là-dessus.

Je me retirai, à cinq heures du matin, avec le citoyen Fargin-Fayolle, un de ces hommes qu'on retrouve toujours dans les moments difficiles.

Grande fut la colère de M. Lherbette contre le Pouvoir exécutif, qui n'avait pas fait procéder à notre arrestation immédiate. C'était bien la peine, disait-il après, de nous avoir fait voter une autorisation de poursuites pour laisser les accusés se retirer où bon leur semblera!

C'est jusqu'à présent la seule nuit entière que l'Assemblée nationale ait passée en séance.

Cette nuit de jugerie me laissa de fâcheuses impressions; j'avais constamment recherché la concorde, et je n'avais rencontré qu'esprit de haine et de division.

C'est pourquoi je me conformai au conseil de

mes amis, en me mettant pour quelque temps à l'abri des atteintes du Pouvoir et en dehors de l'état de siége, et je partis avec l'espoir de pouvoir encore être utile à la cause démocratique et sociale.

Sorti de mon obscurité privée par la révolution de Février, je dois à cette révolution le reste de mon existence.

Il dépend des hommes, que nous n'ayons plus à lutter qu'avec l'arme du raisonnement. Oh! j'ai cru fermement, après Février, que nous étions entrés dans cette voie d'harmonie fraternelle; j'y poussais de toutes mes forces. Et, en effet, l'égoïsme semblait avoir disparu de la France. J'avais confiance dans les nobles qualités de l'espèce humaine!

Comme magistrat, je rêvais notre belle cité de Paris, plus splendide encore! Elle avait donné l'initiative de l'affranchissement du prolétaire ; elle devait expulser la misère de son sein.

L'étranger qui serait venu la visiter aurait admiré sa propreté élégante, jusque dans les demeures populaires, et ses palais ne servant plus qu'à contenir les chefs-d'œuvre des arts.

Oui, je rêvais d'or, et je ne vois aujourd'hui que du sang et de la misère!..

Espérons que ces douloureux enseignements serviront à la génération qui va suivre, et qu'elle proclamera enfin la fraternité sociale.

Il n'est point trop tard pour que nous voyions nous-mêmes le triomphe de nos principes! Soyons unis et actifs à la propagande, afin que notre drapeau soit reconnu comme le point de ralliement de toutes les vertus qui sont l'apanage des bons citoyens.

Telle doit être notre ambition. Cherchons à nous améliorer chaque jour; faisons la guerre à nos mauvaises passions, et nous assisterons bientôt à la naissance d'une société nouvelle qui réalisera glorieusement la République démocratique et sociale !

CAUSSIDIERE.

# TABLE DES CHAPITRES

### CONTENUS DANS LE DEUXIÈME VOLUME.

---

### DEUXIÈME PARTIE.

#### DU 15 AVRIL AU 25 AOUT.

#### CHAPITRE PREMIER.

État moral de la capitale. — M. Carlier et la police des clubs. — Ministère spécial de la police. — M. Ledru-Rollin et M. Lamartine. — La vieille école. — La police de provocation. — Émeute bonapartiste. — Le champ de blé. — Les prisonniers de Vincennes. — Vidocq employé par Carlier. — Trois *journées* pour une. — Bruits calomnieux. — Le parti royaliste. — Les candidats patriotes. — Menées réactionnaires. — Les buveurs de sang. — Nuits d'orgies. — *La Marie* et *La Martine*. — Le partage des biens. — L'épée de Damoclès. — La bourgeoisie et le citoyen Cabet. — Communistes et sans-culottes. — Les Croquemitaines à la mode. — Les mo-

dérés. — Les blancs et les rouges. — Plus blanc que toi.
— Les salons aristocratiques. — MM. Cavaignac, Marrast
et Sénard. — Il y a tout à craindre de ces gens-là. —
Les provinces. — Trahison du Gouvernement. — L'ajournement des élections. — Les royalistes de la veille
et du lendemain. — A recommencer. — Les prêtres de l'Église. — Proposition de Louis Blanc. — Les
journées de Juin. — La justice et la force. — M. Lamartine et le socialisme. — Les ouvriers et les hommes
d'État. — Ledru-Rollin et Blanqui. — Entrevue de
Blanqui et de Lamartine. — Une *poche à fiel*, à la place
du cœur. — Ledru-Rollin refuse de voir Blanqui. — La
propagande par la conciliation. — Les agents secrets. —
Seconde période révolutionnaire. . . . . . . . . 3

## CHAPITRE II.

Les premiers mois de la révolution. — Dates significatives.
— 24 février, 17 mars, 16 avril, 15 mai, 23 juin. — Les
ouvriers au Champ de Mars. — 14 officiers d'état-major.
— Étendards socialistes. — Offrandes à la patrie. — Rumeurs absurdes. — Les communistes. — Les cuisiniers.
— Blanqui et le comité de salut public. — Louis Blanc
et Albert. — Un os à ronger. — Ledru-Rollin fait battre
le rappel. — Agitation et vertige. — La place de l'Hôtel-
de-Ville. — Courtais et Duvivier. — Défilé des ouvriers.
— A bas les communistes! — Invention du citoyen
Marrast. — Vive Louis Blanc! vive Ledru-Rollin! —
M. Garnier-Pagès et la popularité. — Dupont de
l'Eure. — Abolition du prolétariat. — Le poëte Lamartine. — Caractère de la démonstration du 16 avril. —

# TABLE DES CHAPITRES.

A bas la révolution de Février ! — Hypocrisie du Gouvernement provisoire. — Adresse des ouvriers du Luxembourg. — Rappel à la concorde. — Les vrais républicains. — La révolution est compromise. . . . . . . 17

## CHAPITRE III.

Paris en deux camps. — Le 17 avril. — Les corps de garde. — Le 18 avril. — On bat le rappel. — Le ministère de l'intérieur. — L'état-major. — L'épidémie de la peur siége à l'Hôtel de ville. — Contes sur les communistes. — Saturnale de fusils. — Patrouille préfectorale. — 40,000 hommes. — Blanqui introuvable. — M. Cabet. — Les généraux Courtais et Duvivier. — Proclamation sur le rappel. — Les gardes nationaux poursuivent les ouvriers. — Arrestation de Flotte. — La blouse et l'habit. — Suis-je communiste ? — La peine de mort. — Respect à la propriété. — Discordes sociales. — Décrets populaires. — Abolition des droits sur la viande et sur les boissons. — Impôt somptuaire. — Inamovibilité de la magistrature. — M. Barthe destitué. — 65 généraux à la retraite. — Hypocrisie et intrigues. — Serment et trahison de Louis XVI. — Conspiration contre la République . . . . . . . . . . . . . . . 27

## CHAPITRE IV.

Pressentiments de nouveaux troubles. — Armement de Paris. — Petit arsenal de la Préfecture. — Les sapeurs-pompiers et les forts des halles. — Rondes nocturnes. —

Le général Courtais. — Le Luxembourg et la caserne Tournon.—Projets d'enlever le Gouvernement.—L'Hôtel de ville. — La ribotte des fusils. — Opinion des Anglais sur la garde nationale. — Guerre civile.— A bas le fusil ! — Le premier commis de la France. — Vérités banales. — La loi et l'histoire. — Les prétendants. — L'éducatiou publique. — Le conseil des ministres.— Les ambitions privées. — Le suffrage universel. — La popularité et les décorations.— Organisation de la garde nationale. — Réduction de l'armée. — Retour de la confiance. — Association. — Les boutiquiers. — Achats et ventes. — Les haillons et le boulanger. — Le Mont-de-piété. — Les enfants ont faim. — Du pain pour deux jours. — Palais et mansardes. — Les rêves du bourgeois. — A grand peuple, gouvernement patriotique. . . .   37

## CHAPITRE V.

La *Revue rétrospective*. — Les sociétés secrètes en 1838. — L'insurrection de Mai. — Blanqui et M. Taschereau. — Commission d'enquête. — Barbès, Martin-Bernard, Raisan, Lamieussens. — Protestation de Blanqui. — La police de M. Carlier. — Complot des séides de Blanqui. — On doit m'égorger pendant la nuit. — Mandat d'arrestation contre Blanqui. — Lamartine refuse de le signer. — Le commissaire de police et la garde de Blanqui. — Dormès, chef du complot. — Danger d'une lutte entre les Montagnards. — Tout à feu et à sang. — Onze heures du soir. — Les révoltés en armes. — J'apaise la sédition. — Dormes est arrêté à la caserne Saint-

Victor. — Les *brebis galeuses*. — Épuration des Montagnards. — Lettres de Landrin et de Ledru-Rollin. . 47

## CHAPITRE VI.

La fête de la Fraternité. — 20 avril. — Distribution des drapeaux. — Magnétisme de la foule. — Souvenir de mon père. — Noblesse oblige. — Digression du cœur. — Craintes d'agitation. — Projets de coups de main. — Précaution et prudence. — Je pars à cheval, à la tête de la garde républicaine. — La pluie et le soleil. — L'estrade de l'Arc de Triomphe. — Impressions de M. Lamartine. — On annule le mandat d'arrestation contre Blanqui. — Sarcasmes de M. Marrast. — Entourage du Gouvernement. — Une corbeille de femmes élégantes. — Aspect des Champs-Élysées. — Le printemps et les lilas. — Fleurs et rubans à la pointe des baïonnettes. — Revue de la capitale entière. — Le colonel Barbès. — L'armée à la République. — Vivent les blessés de Février! — Le défilé aux flambeaux. — 400,000 soldats. — Improvisation de Ledru-Rollin. — Concorde et fraternité. — Paris à minuit. — Qu'avez-vous fait de la République? . . . . . . . . . . . . . . 57

## CHAPITRE VII.

Le 23 avril. — Ouverture des élections. — Prévisions diverses. — Effroi des royalistes. — Les effrontés, et les habiles et les lâches. — Professions de foi. — MM. Bilault, Dufaure, Dupin, Barrot, Thiers. — Manœuvres en province. — La nouvelle Trinité. — L'ordre, la famille, la propriété. — Moralité de la monarchie. — Réformes sociales. — Le communisme et les campagnes. — Grands et petits. — Circulaires du ministre de l'intérieur. — Le bulletin de la République, n° 16. — George Sand. — La fausse représentation nationale. — Agitation de Paris. — Les clubs et leurs candidats. — Le sourd-muet. — Unité de la bourgeoisie. — *Le Constitutionnel, le Siècle et le National.* — Les faux ouvriers. — Comité populaire. — Le Luxembourg et le club des clubs. — Négligence des plébéiens. — Les élections de juin et de septembre. — Louis Blanc le 27ᵉ. — Fraudes électorales. — Proclamation du 23 avril. — Les 34 députés de Paris. — Lamartine et Lamennais. — J'ai 133,779 voix. — Compliments et bouquets.. . . . . . . . . . . . 67

## CHAPITRE VIII.

Résultat des élections dans les départements. — Les démocrates et les réactionnaires. — Calomnies et lettres anonymes. — Agents royalistes. — Avec de l'or. — l'Assemblée nationale à la Seine — Rapports des clubs. — Proclamation du préfet. — Visite de M. Lamartine. — Combinaison d'un nouveau gouvernement. — Ledru-Rollin et Flocon. — Avis de M. Lamartine. — 1,500,000 voix. — Entrevue des trois candidats. — Haines et ambitions. — Le palais de l'Assemblée nationale. — La nouvelle salle. — Les sapeurs-pompiers. — Le général Courtais. — La garde nationale et la garde républicaine. . . . . . . . . . . . . . . . 77

## CHAPITRE IX.

Le 4 mai. — Ouverture de l'Assemblée nationale. — Champ clos. — Cortége du Gouvernement. — Vive Lamartine ! — Marche triomphale du futur président. — Entrée dans la salle de la Constituante. — Dupont de (l'Eure), Lamartine et Louis Blanc. — M. Audry de Puyraveau. — Physionomie de l'Assemblée. — Béranger et M. la Rochejaquelein. — Un banc de royalistes. — La cime de la Montagne. — Barbès et les Arago. — Le moine en froc blanc. — M. Lamennais et M. Montalembert. — La coterie du *National*. — Les nouveaux venus. — Le costume. — La mode de la Convention. — Discours de Dupont (de l'Eure). — Le Gouvernement remet ses pouvoirs. — Adhésion unanime à la République. — Déclaration de l'Assemblée. — Le général Courtais. — L'Assemblée devant le Peuple. — Enthousiasme. — Qu'est devenue la fraternité ? — Triste prédiction. — Hamlet. — Des mots ! . . . . . . . . . . . . . 85

## CHAPITRE X.

L'Assemblée nationale et le Gouvernement. — Le 8 mai. — Bien ou beaucoup. — Louis Blanc et Albert. — Les ateliers nationaux et M. Émile Thomas. — M. Marie. — Le budget du Luxembourg. — 2 fr. 50 c. par tête. — Étonnement de M. Garnier-Pagès. — Banquiers et millionnaires. — Un dîner chez M. Crémieux. — M. Lamoricière et M. Étienne Arago. — La place du Palais-Royal. — M. Lamoricière à la cour le 24 février. — Indécision du roi et du duc de Nemours. — Beau zèle

du général. — Réponse d'Albert. — Affranchissement
du Peuple. — La commission exécutive. — La duchesse
de Berri en France. — Henri V à Paris. — Une cachette
dans le faubourg Saint-Germain. — Les cheveux blonds.
— La cour de Charles X. — Plus de prétendants. . . 93

## CHAPITRE XI.

La Pologne et l'Italie. — Trahison de 1830. — Le 10 mai.
M. Wolowski. — Pétition polonaise. — M. Daragon et
M. Lamartine. — Ajournement des interpellations sur
les affaires étrangères. — Raca. — Cendres et ossements. — Les boulets du despotisme. — Les prôneurs de
la paix. — Les volontaires italiens. — M. Lamartine
donne 2,000 fr. — Les *barricadeurs*. — Pétition des démocrates français. — Le 13 mai. — Vive la Pologne !
— Le représentant Vavin. — La place de la Madeleine.
Encore le rappel ! — La 1re légion. — Ordre du jour du
13 mai. — Ajournement de la fête de la Concorde. —
Protestation des délégués du Luxembourg et des détenus politiques. — Le droit au travail. — Promesses menteuses. — Les meurt-de-faim. — Blessures saignantes.
— Un million perdu. — Le 14 mai. — Les délégués des
départements. — Le nouveau ministre Recurt. — La
commission exécutive. — Le ministre Flocon pris au
collet. — Les représentations gratuites. — Fraternisons !
— Préparatifs du 15 mai. — Journée de concorde. —
Les clubs mécontents. — Lettre du citoyen Huber. —
Sagesse et prudence. — Les chefs du parti populaire. —
La bonne aventure. . . . . . . . . . . . . . 99

## TABLE DES CHAPITRES.

### CHAPITRE XII.

Le 15 mai. — Pouvoir dictatorial du président de l'Assemblée. — Lettre de M. Buchez. — Une poignée de factieux. — Une lettre au président, à la commission exécutive et au général Courtais. — Post-scriptum. — Les Montagnards et la garde républicaine. — Le colonel Caillaud à la caserne Saint-Victor. — Luxation au genou. — Réponse à la Commission exécutive. — Point d'ordres. — Mesures tardives du Gouvernement. — Lettre de Garnier-Pagès et Arago au ministre de l'intérieur. — M. Recurt. — La manifestation. — 150,000 hommes. — Cent corporations. — La pétition pour la Pologne. — Envahissement du palais. — Un coup de fusil. — La salle des pas-perdus. — Le général Courtais. — La salle des séances. — M. Wolowski. — Tumulte. — Les tribunes publiques. — Craquement de l'édifice. — Le Peuple maître de l'Assemblée. — Le *Moniteur*. — Fuite des députés. — Nouveau Gouvernement provisoire. — L'Hôtel de ville. — La garde nationale. — Les prisonniers de Vincennes. — Un rôle imprévu. . . . . . . . . . . . . . . . . . 117

### CHAPITRE XIII.

Envahissement de la Préfecture. — Des armes! — Jugement sur le 15 mai. — Le chef de la police municipale. — L'Assemblée et l'ancien régime. — Calme des Montagnards. — La Commission exécutive. — Le Luxembourg. — La contre-révolution. — Nous irons vous chercher. — Le capitaine Bertrand. — Le colonel Mercier. — La troupe de ligne. — Les clubs et le Gouvernement. — Les monarchies et les soldats. — Arrestation du colonel Saisset. — Métier de sergent de ville. — Le traquenard. — M. Garnier-Pagès. — M. Ledru-Rollin. — Justes plaintes du préfet de police. — Offre de démission. — Opinion de Flocon sur la Commission exécutive. — Déclaration de Garnier-Pagès. — Allez, mon bon. — MM. Charras et Bastide. — Licenciement de la garde républicaine, des Lyonnais et des Montagnards. . . . . . . . . 131

## CHAPITRE XIV.

Suite du 15 mai. — Complot d'officiers de la garde nationale. — Fusillons Barbès ! — Interpellations à l'Assemblée nationale. — J'offre ma démission. — Profession de foi. — Bavoux et Sobrier. — Siége de la Préfecture. — Deux canons et le général Bedeau. — Mot de M. la Rochejaquelein. — Les affreux Montagnards. — Autographes de Louis-Philippe. — Les paratonnerres. — M. Recurt, partisan du canon. — La Commission exécutive. — M. Lamartine. — M. Garnier-Pagès. — M. Lamartine, étouffé. — La République démocratique. — Vive le préfet ! — Fraternité de la garde nationale et de la garde républicaine. — Ma démission de préfet et de représentant du Peuple. — Les généraux Clément Thomas et Bedeau. — Clément Thomas à table. — Captivité. Doullens. — Évasion de la citadelle. — Vertus républicaines. — Tristes adieux. — Les journées de Juin. — La caserne Saint-Victor. — Retraite des Montagnards. — Dernière proclamation. — M. Recurt et M. Trouvé-Chauvel. — Ingratitude et trahison. — Vive la liberté ! . . . . . . . 143

## CHAPITRE XV.

Budget de la Préfecture pour 1848. — Les fonds secrets. — Dépenses pendant mon administration. — Le livre rouge. — Lettre de M. Lamartine. — Les divers services de la Préfecture. — Le conseil de salubrité. — Édilité publique. — Devoirs du préfet de police. — L'affaire Fieschi. — Lettre de Boireau. — Les solliciteurs. — Les sauveurs de la patrie. — Les prisons. — Le régime cellulaire. — Tourments du prisonnier. — Noble Barbès ! — Ministère de la police. — La provocation et la prévoyance. — M. Decazes. — M. Guizot. — Les mouchards politiques. — Les conspirations. — Sans regret et sans reproche. — La République démocratique et sociale.   . 163

## CHAPITRE XVI.

La maison Sobrier. — *La Commune de Paris.* — Rue Rivoli, 16. — L'ancienne liste civile. — Caractère de Sobrier. — Vingt mille francs pour la propagande. — Lettre de M. Lamartine pour délivrer des armes. — Il vaut mieux s'adresser à Dieu qu'à ses saints. — Garde de cinquante hommes pour le ministère de l'intérieur. — Sobrier arme sa maison. — Visite du général Courtais à Sobrier. — Le quartier s'inquiète. — Promesse de désarmement. — La maison de M. Bavoux. — Le feu aux poudres. — Les doctrines et les fusils. — Lettre du commandant Caillaud à Sobrier. — Réponse de Sobrier. — Les réactionnaires et l'Assemblée nationale. — Sobrier s'organise une garde militaire. — Bourgeron bleu, ceinture rouge. — Affiches épicées. — La veille du 15 mai. — Caractère de la manifestation projetée. — Le 15 mai. — Sobrier à l'Assemblée. — Le ministère de l'intérieur. — Trouble de M. Recurt. — Le café du quai d'Orsay. — Arrestation de Sobrier. — La consigne des dragons. — Brûler la cervelle. — Qu'il y reste ! — Repaire de brigands. — Sac de la maison Sobrier. — Vol d'une somme d'argent. — Les vainqueurs en goguette. — Sobrier à Vincennes. — Le procès du 15 mai. — Embarras du Gouvernement. — Générosité de Sobrier. . . . . . . . . . . . . . . . . . . 175

## CHAPITRE XVII.

La fête de la Concorde. — Après le 15 mai ! — Les fêtes monarchiques. — La joie par ordre. — Le Peuple acteur et spectateur. — Droit au travail. — Chefs-d'œuvre de chaque corps d'état. — Les cornes dorées. — 500 jeunes filles. — Les ouvriers du Luxembourg. — La première révolution. — Ordre et discipline. — Cinq heures du matin. — Les couronnes de fleurs. — Commencement du défilé. — Les 86 bannières des départements. — Les jeunes filles lançant des fleurs. — Le banquet au milieu du Champ de Mars. — Les billets lilas. — Grande confusion. — Plus d'eau ! — Le Conservatoire et le ministre du commerce. — Les blessés de février et Ledru-Rollin. — Les jeunes filles et Charles Blanc. — La baguette de Moïse. — Le factotum de la Chambre. — Fête mal nommée. — Un mois après ! . . . . . . . . . . . 187

## CHAPITRE XVIII.

Nouvelles élections à Paris. — Onze représentants à nommer. — Le 5 juin. — Agitation populaire. — Les clubs en permanence. — Les candidats des journaux. — Brochure explicative de ma gestion. — La mairie de l'Hôtel de ville. — Tripotage des élections. — Les gardes mobiles, les ouvriers, les gardes républicains. — M. Trouvé-Chauvel. — Mes professions de foi. — Je visite douze clubs. — Mes émotions et mes sentiments. — Les clubs du palais National et du deuxième arrondissement. — Le club du manége de la Chaussée-d'Antin. — Les tribunes garnies de dames élégantes. — Galanterie de l'Assemblée nationale. — Les clubs de femmes. — Initiation des femmes à la démocratie. — La révolution sans coups de fusils. — Le club de la rue Saint-Antoine. — Silence religieux. — Les autres clubs populaires. — Le club du quai Jemmapes. — Larmes de bonheur. — Mes trophées. — Les onze représentants de Paris. — J'ai 147,400 voix. — La Montagne. — Son rôle et son avenir. — Proudhon. — Le sapeur du socialisme. — Pierre Leroux. — Lagrange. — M. Goudchaux. — Le robinet d'eau tiède. — M. Thiers. Le roi des royalistes. — La régence et la présidence. — M. Victor Hugo. — Mes amis de la Montagne. . . . . . . . . . . . . 195

## CHAPITRE XIX.

Louis Bonaparte. — Ambition du prétendant. — Sa correspondance. — L'homme de l'aigle. — Nullité du prince. — Émeute du 12 juin. — M. Carlier, provocateur. — Le général Clément Thomas. — Le coup de pistolet. — Émotion de l'Assemblée nationale. — Proposition de M. Lamartine. — MM. Louis Blanc et Jules Favre. — M. Ledru-Rollin. — MM. Pierre et Jérôme. — Admission de M. Louis. — Sa candidature à la présidence. — Luttes personnelles. — Guerre civile. — Les royalistes bonapartistes. — Les royalistes henriquinquistes. — Pas de président ! — Les ateliers nationaux. — Quinze millions. — Enlèvement de M. Émile Thomas. — Aveu de M. Trélat. — Lettres de MM. Garnier-Pagès et Arago. — M. Trélat, prisonnier. — Effroi de la bourgeoisie. — Forçats et paresseux. — Protestation des ateliers nationaux. — Défrichement de la Sologne. — Misère du Peuple. — Les clubs du désespoir. — Orateurs en plein vent. — Loi terrible contre les attroupements. — Les coups de filet. — La liberté violée. — Deux représentants arrêtés. — Le soir du 22 juin. — Grande fermentation. — Le ministre de la guerre Cavaignac. — Éloignement des troupes de Paris. — Conspiration militaire. — Prélude des journées de Juin. — Les vaincus ont toujours tort. . . . . . . . . . . . . 207

## CHAPITRE XX.

Le soir du 22 juin. — Les ateliers nationaux et M. Marie. — Le 23 juin, premières barricades. — Inertie du Gouvernement. — Le général Cavaignac et la garde nationale. — Le canon et le sang. — Faux bruits. — L'or de l'étranger. — Pillage et incendie. — La garde mobile. — Boucherie d'hommes. — L'insurrection du désespoir. — Mort aux voleurs ! — Absence de toute organisation. — Chances de succès. — La guerre sociale et la Montagne. — L'Assemblée hors Paris. — M. Pascal Duprat et l'état de siége. — Attitude de M. Sénard. — Les insurgés de Montmartre me demandent. — Ma visite au général Cavaignac. — Agitation extraordinaire du dic-

TABLE DES CHAPITRES. 281

tateur. — Notre conversation. — Il rédige un manifeste. — Frénésie de M. Degoussée. — L'insurrection est vaincue. — Loi de transportation. — Menace et vengeances. — Sacrrrr... — Délation et proscription. — Résultats de la victoire des conservateurs. — Le despotisme de la force. — M. Recurt et le général Perrot. — Le cœur de M. Sénard. — M. Cavaignac faisant de l'histoire. — Des passions, et toujours des passions. . . 221

CHAPITRE XXI.

Demande de poursuites contre Louis Blanc. — Première ardeur du baron Portalis. — Démission de MM. Portalis, Landrin et Lacrosse. — Fureur de M. Jules Favre. — Intrigues des conservateurs. — Députation de la rue de Poitiers au général Cavaignac. — Le dictateur obéit aux royalistes. — Le nom de Godefroy. — Les douceurs de la vengeance. — La Commission d'enquête. — M. Barrot et M. Bauchard. — Ledru-Rollin, Louis Blanc et Caussidiere. — M. Barrot, inquisiteur. — Voyage de M. Jérôme Bonaparte à Paris, sous le règne de Louis-Philippe. — Ses entrevues avec M. Marrast et autres personnages. — Sa conversation avec M. Barrot. — La dynastie d'Orléans, la mort du roi, un en cas. — Rapport de la Commission d'enquête. — Terreur de M. Bauchard. — La Montagne et le général Cavaignac. — La tache de sang. — Il doit être bien malheureux ! — Juin et Juillet. — Ma visite au général Cavaignac. — Curieuse conversation. — Mes rapports avec le citoyen Ducoux. — Les royalistes demandent sa destitution à M. Sénard. — Prudence de M. Ducoux. — L'œil de la police. — La contre-révolution. — Conseils de M. Portalis. — Quand nous serons à M. Thiers. — Quand la maison sera brûlée .

## CHAPITRE XXII.

La séance du 25 août. — Discours de Ledru-Rollin. — Le rappel au 16 avril. — Déclaration du dictateur Cavaignac. — Défense de Louis Blanc. — Prorogation de la séance. — Dix heures du soir. — M. Marrast. — La tribune. — Hallucinations. — Tribunal inquisitionnaire. — Psalmodie et bréviaire. — Bon et mauvais. — M. Corne, procureur général. — Discours du citoyen Bac. — Discours du citoyen Flocon. — Mai et Juin. — 477. — La cour d'assises ou le conseil de guerre. — — Les otages de la réaction. — Les tribunes de l'Assemblée. — Le président Cavaignac et le ministre Marie. — Cinq heures du matin. — Fargin Fayolle. — M. Lherbette. — Nuit de jugerie. — L'état de siége. — Espoir d'avenir. . . . . . . . . . . . . . . . 251

**FIN DE LA TABLE.**

www.ingramcontent.com/pod-product-compliance
Lightning Source LLC
Chambersburg PA
CBHW050632170426
43200CB00008B/985